大夏书系·教育建议

GEI YINYUE JIAOSHI DE JIANYI

给音乐教师的建议

王艳芳 著

华东师范大学出版社

上海市著名商标

ECNUP　　全国百佳图书出版单位

目　录

第三辑│润物无声育桃李——德育渗透

序　言　　让生命自由地吟唱

李镇西

自从我成了所谓"名师"之后，不少老师羡慕我，特别是读了我的著作后，更是对我"佩服得五体投地"（这是一个读者来信中的话），可我总是说："我的书，你们也可以写的!"当然，我这里所说的"也可以写"，有个前提，那就是首先踏踏实实地做——做好每一天的教育。然后，用笔忠实地记录自己的教育生活，包括自己的教育行为、故事、感悟，等等。只有做得精彩，才能写得精彩；而精彩地写，又能促使我们更加精彩地去做。

每次我给老师们这样说的时候，他们都以为我很谦虚，同时又很夸张。于是，我便给他们讲深圳的陈晓华老师（网名"红袖"）、河南的侯长缨老师（网名"快乐小荷"）、云南的罗民老师（网名"滇南布衣"）等人通过不断地实践和写作而成长的故事。

今天，我再次给大家推出一个很有说服力的老师：山东的王艳芳老师（网名"一叶兰舟"）。

2007年，王老师出版了她的教育随笔《飘着花香的琴弦》，我是这套丛书的主编。我从书中读到了她教育的幸福乐章。2010年，王老师又出版了她的第二本著作《邀一枚月亮吟唱》，我再次从中读到了她教育的快乐旋律。2012年，王艳芳老师出版了《小学节日活动创意设计与组织》一书，以一位音乐教师的敏锐和执著，带领我们走进写满创意和温暖的节日

"花园"。2013 年，王老师又把她每天在课堂上谱写的旋律，在孩子心灵中弹奏的乐章集合成书。我这里用了"乐章""旋律"的术语，因为作为音乐老师的王艳芳，她的文字的确具有一种音乐的美。我感到，她本身就是把教育当作音乐来创造来享受的；或者再"文学"一点儿说，教育对她来说，就是用生命快乐地吟唱。

在我的视野中，名师大多是中小学的主科老师，比如教语文的，教数学的，等等。可王艳芳老师作为一名小学音乐老师，居然也把教育生活经营得如此有声有色，有滋有味，在给孩子带去快乐的同时，也给自己带来幸福，同时把这些点点滴滴的幸福一篇一篇地记录下来，这是一种怎样的享受？

我曾经对一个牢骚满腹的年轻教师说："如果你真的对自己的职业不满意，那么只有两种选择——要么改变职业，要么改变职业心态！"现在我也是这样认为的。"悲观"点说，无论在哪个国家、哪个朝代，教师从来都不可能是收入最高因而最富有的职业。怎么办？如果你不能改行，那么就只有改变自己的职业心态。从何处改变？从寻找教育本身的幸福感开始！教育，当然不可能是收入最高的职业，但这个职业有着其他行业不具备的幸福感。调整了心态，就能潜心于课堂，执著于班级，走进孩子心灵。

从这本书中，我们可以深深地感受到，王老师真的是用心在爱孩子，而这种爱又体现为她用情做教育。她是教音乐的，于是，她便研究如何把音乐作为教育的途径，让"唱的比说的好听"。我注意到书中这样一些细节：上课的问好歌、下课的再见歌、"起立""坐下""安静"等，王老师都喜欢用音乐来表示，让孩子们在一种温馨愉悦的氛围中上愉快的一节课，师生互动，亲切自然。在孩子们表现非常出色时，王老师又琢磨：怎样用富有特色的音乐来表扬？课间看见有的孩子吃着棒棒糖，甜蜜又幸福的样子，王老师就想音乐课上也送孩子们一支"音乐棒棒糖"。灵感一来，她一气呵成就创作了一首《棒棒歌》。全曲的歌词只有一个字"棒"。曲调昂扬奋进，富有朝气和活力。读到这些细节，我不禁想，王老师怎么那么聪明？有那么多的点子？其实，与其说王老师特别聪明，不如说她特别爱孩子，因为——对孩子的爱，能够使一个老师变得聪明起来，能让自己和孩子的生活充满诗意，充满故事。

王老师虽然只是一名音乐教师，不是班主任，但她非常关注孩子的心灵成长。一名高素质的教师应该具有宽广的人文视野，心中装着天下，同时能够用笔记录自己的教育和孩子的成长。在本书的一些章节里，我们会看到她总能抓住时机，对孩子们进行思想教育，不是空洞的说教，而是润物无声，以熏染和影响制胜。在提高学生音乐素养的同时，她更注重培养、提升孩子为人处世的态度和能力。譬如春节过后，她的第一堂音乐课给每位孩子一个拥抱；她利用歌曲背后的故事，利用各种节日，利用自己看到的新闻，利用周围发生的一些小故事，与孩子们聊天，组织开展各种丰富多彩的活动。总之，她总能寻找到各种各样的途径，引导孩子们学会热爱自己的家乡，学会感恩，学会思考，学会做人，学会关心国家大事，学会关注祖国的命运和前途……

正如王老师自己所说："教育是用心的事业，只要我们有一颗爱孩子的心，只要我们能够真正地把爱心奉献给所有的孩子，用真爱小心地呵护着每一个孩子的心灵，真正地用心对待自己的每一堂课、精心设计每一个教学环节、珍惜每一次与学生的沟通，就一定会感受到教育的乐趣，体验到教育的幸福。"这可能是对王老师教育情怀最好的诠释。这才是好老师，这才是会教育。

我在接受腾讯网关于教育的采访时说，专业能力，不只是课堂上呈现出来的技巧，更重要的是背后的人文素养，这和老师的阅读有直接关系。最重要的就是阅读。我始终认为，阅读是提升教师素养最关键、最重要的途径。不只是读教育类的书，还要读人文书籍，等等。教师要善于把每天遇到的难题都当作课题来研究，来琢磨。这个过程就是提升自己的过程。但很遗憾，现在喜欢阅读的老师不多，关注天下的老师更少。

但我欣喜地发现王艳芳老师就特别喜欢读书。爱书有两种方式，一是爱"读"书，一是爱"藏"书，爱读书者丰富了自己的大脑，爱藏书者丰富了自己的书架。我想王老师的许多成绩的取得都源于她的阅读。

苏联著名的教育家阿莫纳什维利说："谁爱儿童的唧唧喳喳声，谁就愿意从事教育工作，而谁爱儿童的唧唧喳喳声已经爱得入迷，谁就能获得自己的职业的幸福。"王老师就是这样一个享受着"唧唧喳喳的幸福"的人。她的人就如她的书一样，清澈透明。她享受着"唧唧喳喳的幸福"，同时用这本书，让我们得到另一番"唧唧喳喳"的幸福享受。

有一种歌声可以穿越心灵，令听者动容，感乎于心。王艳芳老师不仅是用歌喉，更是用心灵来吟唱了一曲动听的教育之歌，生活之歌。她边走边唱，努力不息，探索不止，所以拥有了诗意的行走，诗意的课堂，诗意的教育人生。

相信每一位读了这本书的人，不但会被王老师和她的孩子们的故事感染，而且会想到自己的教育，并产生共鸣，因为我们都渴望自己的职业充满幸福感。而这种幸福，不是来源于丰厚的物质报酬，而是来源于我们心灵活泼地飞翔，来源于我们生命自由地吟唱！

穿越心灵的歌唱——畅享音乐

1

邀一枚月亮吟唱

适逢中秋节，我准备给孩子们上一节主题为月亮的音乐课。课前我精心准备了大量有关月亮的歌曲和传说，课题名为"月光组合"。

著名散文家林清玄曾写道"温一壶月光下酒"，那么这节音乐欣赏课我和孩子们就一起呷一缕月光品味，邀一枚月亮吟唱。

一上课，我就告诉孩子们："有人说太阳神阿波罗为欧洲人所崇拜，中国则是月亮的国度。古往今来，有那么多关于月亮的名篇佳作和经典歌谣，今天我们就乘坐时光穿梭机沿着时光隧道去欣赏那些美丽的歌谣。让我们带着小耳朵出发吧！"

为了营造一种恬静的氛围，我先把精心制作的一张图片——台湾著名诗人余光中的《满月下》在大屏幕上展示，这是现代诗中咏月的极品。

满地的月光，

无人清扫，

那就折一张阔些的荷叶，

包一片月光回去，

回去夹在唐诗里。

扁扁的，像压过的相思

……

月光都带有荷叶的清香。

我声情并茂地给孩子们朗读了一遍。那淡淡的思乡之情一丝丝、一缕缕，袅袅娜娜地从诗中散发出来，如暗香浮动。

"孩子们，我们从小就会吟唱一首关于月亮的歌谣。"我边说边放《小小的船》的 Flash，"弯弯的月儿小小的船，小小的船儿两头尖，我在小小的船里坐，只看见闪闪的星星蓝蓝的天。"孩子们轻声跟着唱起来。

我们又继续欣赏朝鲜族的儿歌《小白船》，"蓝蓝的天空银河里，有只小白船。船上有棵桂花树，白兔在游玩……"孩子的声音那么轻柔，没有一个喊唱的，看来氛围的营造很重要。

"现在让我们再欣赏一下我国古代十大名曲之一《春江花月夜》，曲子通过委婉质朴的旋律、流畅多变的节奏，形象地描绘了月夜春江的迷人景色，赞美了江南水乡的优美风姿，为我们创造了一个童话般美妙的境界!"

感谢 Flash 作者的精心制作，他把张若虚写就的被闻一多先生誉为"诗中的诗，顶峰上的顶峰"的同名诗歌《春江花月夜》也放在画面中，孩子们一边听着美妙的乐曲，一边欣赏着唐诗，"春江潮水连海平，海上明月共潮生……"

教室里安静极了，典雅优美的乐曲宛如一幅山水画卷，把春天静谧的夜晚，月亮在东山升起，小舟在江面荡漾，花影在西岸轻轻摇曳的大自然迷人景色，一幕幕展现在我和孩子面前，让我们陶醉其中，流连忘返……

一曲终了，我又让孩子们欣赏了彭丽媛演唱的《春江花月夜》，歌唱家如夜莺般婉转悠扬的歌声也唱出了春江月夜的美好。

"孩子们，你们知道世界咏月最著名的曲子是哪一首吗?"

孩子们都茫然地摇摇头，我告诉他们是伟大的音乐家贝多芬的钢琴曲《月光曲》，关于这个曲子还有一个很动人的故事呢。

一听讲故事，孩子们兴趣大增，他们静静地听着，仿佛听见了音乐家那优美的钢琴声，教室里仿佛也射进了温柔的月光。

"贝多芬悄然而来，悄然而去，给穷兄妹俩带来一片温馨的人间之爱，

一次美的艺术享受，给自己的艺术创作带来了一次意外的收获，给世界人民留下了一笔宝贵的艺术财富，也给我们带来了今天这个美丽动人的传说。音乐不仅给人以美的享受，还可以陶冶人的性情。就让我们借助网络去感受《月光曲》的无穷魅力吧！"

......

"现在，我们的时光穿梭机又停靠在江南的无锡。听民间音乐大师阿炳在惠山泉边为我们演奏《二泉映月》。"

每次倾听这首曲子，我都仿佛在清幽的月光下漫步，一种淡淡的、无法捕捉的忧伤从四面八方包围着自己，而阿炳的琴声就在这样的月光中若隐若现，如同一道从不间断的清泉，在时光的深处细水长流，浅吟低唱。所以我想和孩子一起分享这支别样的小曲，让他们感受里面淡淡的忧伤。北大的曹文轩教授说过儿童成长需要快感，这快感包括对悲剧的欣赏。

最后压轴的是同事制作的 Flash《月亮之上》，他下了工夫，充分利用歌曲的意境制作了一份精美的作品。音乐一响，教室里没有了刚才的宁静，沸腾起来。

"我在仰望，月亮之上，有多少梦想在自由飞翔。昨天遗忘，风干了忧伤，我要和你重逢，在那苍茫的路上。生命已被牵引，潮落潮涨，有你的远方，就是天堂……"

凤凰组合的演唱带着强烈的节奏感，却让人感受到了广袤的草原月光下的那种恬静。于是生命也变得有了舒展的味道，从大草原深处走出来的姑娘、小伙子把与生俱来的情感都融在了歌声中。

在孩子们强烈的要求下，我们接连欣赏了三遍《月亮之上》，他们稚嫩的童声也是如此地具有穿透力，在教室里萦绕，仿佛穿越了时空。

教学反思

　　人们常说，西方文化是太阳的文化，东方文化是明月的文化。没有一个民族对明月像中国人这样有着如此深切的眷恋和想象。细细盘点，我们有那么多关于月亮的脍炙人口的歌曲和乐曲，因此我设计了这节以月亮为主题的欣赏课，精选了几首中外吟月的精品，对音乐课堂进行超级链接，歌曲、乐曲还有音乐故事交替进行，孩子们很感兴趣。

　　这样超链接的主题组合需要考虑孩子们的年龄特点，选择曲目不要太难、太大。这个主题比较适合高年级学生的欣赏水平。

2

奇妙的声音交响曲

这节课的内容是寻找生活中的声音。我用了一个很有趣的课件——一群小朋友去郊游，瀑布、小河、青蛙、大白鹅、枝头上的小鸟、两个小朋友在喊山、一群小朋友在唱歌，这些画面都可以点击，发出相应的声音。我把点击的权利交给孩子们，让表现好的孩子有资格点击，这样一是引发他们的兴趣，二是用作维持课堂纪律的小招数。

声音在日常生活中无处不在，通过对声音的探索，能引起孩子们对声音的兴趣，使他们获得创造的乐趣和成功的喜悦。在听取了单一的声音后，我慢慢地增加一点难度，让孩子们用身体动作和声音来表现自己的生活。

蔚然说她想学妈妈在厨房做菜。孩子说着就"打"开水龙头，"哗哗"，"妈妈洗完菜，就开始切菜"，我提醒她不要说出来，只用动作和声音。小姑娘马上明白了，用小手模拟"切"菜，然后倒进锅里"翻炒"着，还发出"哧哧"的声音，最后很利落地把菜"盛"到盘子里。看着敢于第一个"吃螃蟹"的小姑娘，我带头送她一支《棒棒歌》①。

雨昂的小手举得很高，我请他上来表演。这个小家伙表演得很投入，动作很夸张，看得我云山雾罩的，不明白他表达的是什么情景。雨昂就边

---

① 《棒棒歌》，是我为鼓励学生而自创的一首曲子，见 42 页"送你一支《棒棒歌》"。——作者注

说边又表演了一遍："我在弹钢琴，弹完一遍要用笔记下来！爸爸回家了，在敲门。妈妈在厨房炒菜，高压锅里焖着米饭，快熟了，都发出响声了。我弹完琴后，边洗澡边看动画片。"听着他惟妙惟肖地讲解，我们一起为他鼓掌，又送去一支响亮的《棒棒歌》。

"同学们，在我们的生活中，有时声音就能表现一件完整的事情。刚才蔚然和雨昂表演得很好。现在四人一组，互相用声音来讲述一个生活故事，好吗？"

教室里热闹起来，"噼里啪啦""咚咚""叮当"，各种声音响成一片，就像夏日里热闹的池塘。我笑着走在孩子们中间，尽情地享受着有趣的"交响曲"。

 教学反思

生活中的声音很平常，需要用心来收集、模仿，才能变成音乐课上有趣的"交响曲"。我因势利导，把孩子们带入一个奇妙、有趣的声音世界，为他们提供一个探索、创造声音的空间和时间。

这样的音乐实践活动可以随时随地地进行。培养孩子一双灵敏的音乐的耳朵不是一朝一夕的事情。我们可以让孩子们寻找生活中的声音之最，比如最大的声音、最神秘的声音、最美妙的声音、最恐怖的声音、最不引人注意的声音……用这些来调动他们寻找的兴趣。

3

有趣的音乐，丰富的联想

　　课间走过操场，看见操场边摆放的瓜叶菊争奇斗艳，姹紫嫣红，小蜜蜂嗡嗡叫着，一派春意盎然的景象。我的耳畔仿佛奏响了柯萨科夫的那首世界名曲《野蜂飞舞》，心想这首乐曲短小风趣，很适合孩子们欣赏。

　　一上课，我就开门见山地告诉孩子们："这节课我们上欣赏课，可以趴在桌子上，也可以闭上眼睛欣赏。我播放乐曲时，请你们在脑海中想象一个画面，或者一个小故事情景。"

　　我打开多媒体，明快、急促的音乐响了起来，好几个孩子随着音乐摇头晃脑，还有的用手指打着节奏。

　　听了两遍后，我请他们描述听后的感受。

　　"老师，我觉得好像是猫和老鼠捉迷藏，小老鼠'嗖'地一下从五楼下水道里溜到一楼，正好掉在钢琴上，它得意洋洋，弹起了钢琴，从高音到低音，忽然想到老猫在捉它，就立刻跑开，慌里慌张的。"君楠抢着说。

　　"好！想象力真丰富。"我微笑着送君楠一支《棒棒歌》。

　　"两只鸭子在玩，一只鸭子在前面跑，一只在后面追。前面的鸭子被一个小石头绊倒了，后面的小鸭子刹不住车，一头撞在树上了，疼得直扇翅膀。"机灵的雨涵也说出自己的感受，也很有趣。

　　淘气的然铎小手举得高高的，人也站起来，"我觉得好像是超人变成小鸟在天上飞，快乐地飞！"看来小男孩对超人情有独钟。

　　天歌的想象更丰富："春天来到了，一只熊从冬眠中醒来，它好饿呀！

想吃蜂蜜，趁着小蜜蜂们出去采蜜，小熊就偷偷跑到蜂房，用大熊掌去捅蜂窝，结果没有想到里面还有小蜜蜂，小蜜蜂'嗡嗡'叫着，齐心协力蜇小熊，小熊抱头鼠窜，很狼狈。"

同学们都听得津津有味。大家一起送给天歌一支《棒棒歌》，她骄傲地坐下了。

"小鱼正在觅食。一条大鲨鱼来了，扑向小鱼。小鱼吓了一跳，在大海里游来游去地逃。大鲨鱼跟着小鱼游，后来大鲨鱼转晕了，撞到礁石上，撞得晕头转向了。"

意敏的描绘也是妙趣横生，同学们听了都哈哈大笑起来。

听着孩子们充满童趣的描述，我想是否告诉他们曲子的真名已经不重要了，重要的是他们从中享受到了音乐，而且还根据自己的理解说出了个人独特的感受。

"这首曲子的名字叫《野蜂飞舞》，是根据俄国文豪普希金的童话小说改编而成的音乐剧中的一个片段。由于曲子生动有趣，所以经常被当作音乐会的独奏曲目。原曲谱上记有这样的文字：'从海面的远方，飞来一群大黄蜂，围绕在天鹅四周，盘旋飞舞。'"

我让他们再欣赏一遍乐曲后，又提出一个问题："孩子们，当大名鼎鼎的纽约爱乐乐团演奏此曲时，你们猜指挥的手里舞动的是什么？"

"指挥棒呀！"孩子们几乎异口同声地回答。

我笑着摇头，然后神秘地告诉他们："大指挥家舞动的是——一只苍蝇拍！"

"哈哈！哈哈！"孩子们大笑起来。

我接着说道："你们看，大指挥家明明知道是《野蜂飞舞》，他都可以根据自己的想象理解为苍蝇飞舞，所以，以后我们欣赏时，就要像这节课一样，展开想象的翅膀，把自己融入音乐中，这样才能充分享受音乐。"

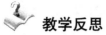 **教学反思**

一首描绘具体事物的可视性很强的标题音乐，因为我没有事先告诉孩子们标题，而任由他们展开想象的翅膀，他们就给了我这么多有趣的故事情节，而且都很有味道，很符合音乐的音律。这启示我们，对任何音乐，无论是否有标题，我们的理解和思维都不要太过局限，避免折断孩子想象的翅膀，束缚他们的思维。

"一千个读者就有一千个哈姆雷特。"在音乐欣赏中，老师要充分保护孩子独特的想象力，并给予极大的鼓励，让他们勇于、乐于说出自己对音乐的感受，这样不仅培养了孩子们的音乐欣赏能力，还培养了口语表达能力和想象力，一举多得，何乐而不为呢？

4

"接过孩子抛过来的球"

"这一单元的题目是《五十六朵花》。大家都知道，这五十六朵花象征着我们国家的五十六个民族。在傣家的竹楼前，在天山的牧场上，在秀丽的桂林山水之间，在一望无际的内蒙古大草原上，各族小朋友踏歌起舞，歌唱幸福的生活，歌唱美好的明天。你们听！哈尼族的小朋友迎着春风、披着阳光向我们走来了。"

一上课，我就在宋祖英演唱的《爱我中华》的背景音乐下，热情洋溢地导入新课——哈尼族儿歌《其多列》的学唱。歌曲短小、精练，音乐形象鲜明，通过"拣竹叶""砍竹筒""衣服上的花纹多美丽"等词语，表现了哈尼族儿童热爱生活、热爱劳动的活泼性格。

我们学校的感知体验音乐教学模式就是让学生先聆听音乐。听了三遍，孩子们就唱得有模有样了。在整体聆听感知后，我让孩子们自己说出不懂的地方。结果，有孩子就问"其多列"是什么意思。我没有回答，用眼睛暗示他在课本上找，因为课本下面就有注释。很多孩子自告奋勇地告诉他，是哈尼语"快来"的意思，小男孩不好意思地笑了。

一个小姑娘举起手说："老师，我还记得我们一年级学唱的'乃哟乃'是土家语'快来'的意思。"

太棒了！温故而知新，我带头送给她一支《棒棒歌》。

这时，俊杰举手说："老师！不是要爱护树木吗？为什么要拿着长刀砍竹筒呢？"哈哈！这小家伙抛过来一个很刁钻的"球"。

11

"这个问题很好！感谢俊杰有这么强烈的环保意识。"我一边说着，脑子同时在飞快地转着，"搜索"着合适的答案。"雨后春笋是个成语，比喻新生事物很多。在南方，大雨过后，你若到竹林里仔细地听，会听见竹笋破土而出的声音和竹子拔节的美妙声音。竹子中间是空的，竹笋多粗，竹子就有多粗。它们一年就能成材，人们割下了竹子，下面有根可以再生，重新长出新竹子。所以哈尼族小朋友可以上山去砍竹子，然后回家做竹筒饭、工艺品等等，贴补家用。"

俊杰满意地笑了，很多孩子唧唧喳喳地补充："我家有竹菜板。""我们家有竹席。""听妈妈说，竹子还可以做衣服，很凉快呢。""我家有竹纤维的毛巾，车里还有竹炭包呢！"……

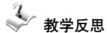 **教学反思**

在意大利北部有个名不见经传的小镇——瑞吉欧，小镇的学前教育曾风靡世界，被誉为"全世界最好的学前教育"。瑞吉欧有句名言——"接过孩子抛过来的球"。意思是，要关注孩子的语言和行为，从语言行为中捕捉他们思维的脉络。只有学会倾听孩子的声音，对孩子的回答和提问做出积极回应，才能真正走进孩子的心灵。孩子有一百种语言，有一百个想法，有一百种思考和说话的方式，老师和家长就应有一百种倾听和爱的方式，成为孩子的有力支持者。

孩子对周围事物充满了好奇，表现出主动探究和认识周围世界的强烈动机和欲望，他们往往会对一件小事感兴趣，并产生奇妙的联想。我们要善于解读孩子的所思所想所为，尊重他们的生活体验和情感体验，尊重他们独特的生命感受。每个孩子都是从兴趣中开始感受世界的，这种兴趣就像火花，既可能成为燎原之火，也可能因为老师或家长的冷淡而熄灭。因此，我们只有知道孩子的"一百种语言"，才能欣赏孩子，关爱孩子。

5

江三木罗

　　《在祖国的怀抱里》是一首欢快、活泼的歌曲，调式丰富，先用典型的壮族音调演唱了第一句，后面的旋律融合了其他民族曲调的特点，尽情抒发了各族儿童在祖国的怀抱里快乐、甜蜜的情感。最后结束句是"江三木罗"，备课时这个佤族词语勾起了我的回忆。

　　记得刚参加工作时，同组教舞蹈的王老师很喜欢跳《阿佤人民唱新歌》，明快的歌声、窈窕的身姿、甩动的长发都留在了我记忆深处。特别是最后一句"哎！江三木罗！"干净利落的尾音韵味无穷。我一直以为"江三木罗"就像藏族的祝福语"扎西德勒"一样，是佤族人的祝福语。

　　当我要教孩子们演唱《在祖国的怀抱里》时，我在网上看到了《解密佤山》这篇散文，我很感兴趣地读下去："……生活在江三木罗时代，刻印着人类童年印记的人们将江三木罗的歌声世代传唱，阿佤人崇拜公平、公正的古代英雄江三木罗，世世代代要像江三木罗那样歌舞着快乐地生活下去。"

　　天哪！这几句话看得我"心惊肉跳"，原来是我一厢情愿地把歌词赋予了自己的理解，江三木罗竟是人名。感谢网络纠正了我的错误理解，同时也庆幸自己看见这篇文章，要不然就误导学生了。

　　我马上把自己的这一发现写成了帖子，发在论坛里和博客上，一个同行说："这个江三木罗也一直困扰着我和我的孩子们，现在终于知道什么意思了。"我非常开心，我的这一发现能给同行也带来收获。后来，我的

老朋友——一个高三语文老师给我回帖：

"江三木罗"已嬗变为衬词，是欢乐、高兴的代名词。江苏民歌
"杨柳叶子青啊"、台湾民歌"酒干倘卖无"诸如此类，都是这样：原
始意义有别、当前表情不同。语言的直意和本意老师都要掌握，还要
融会贯通。对小朋友的咨询，你可以作模糊的解释，让孩子慢慢悟；
对追根溯源的孩子可以说出本义，更要补充引申意义，否则孩子反而
糊涂。

我反复琢磨朋友的话，觉得很有道理，江三木罗本意确实是一个英雄
的名字，但最后嬗变为衬词，表达了纯洁的爱意和祝福。

网络真是太神奇了，千万里之外有朋友和我共同研究，让我对知识的
理解更全面更深入。

当教孩子演唱这首歌时，有孩子马上问我："老师，江三木罗是什么
意思？"我没有马上回答他，而是让他们想想。

孩子们的答案可真是丰富多彩。

"小朋友好的意思。"

"再见的意思。"

晶玉说："就和我们唱《快乐的 do re mi》里最后唱的啦啦啦一样，是
祝福的意思吧!"

我告诉他们，江三木罗是个人名，是佤族人崇拜的一个古代英雄，但
现在，在佤族的歌曲里江三木罗已经变成了一个表达祝福的词语。孩子们
都恍然大悟地"哦"了一声。

晶玉抿着小嘴巴，骄傲地挺起胸，很得意的样子。

一个小淘气又问我："老师，你怎么知道这么多呀?""老师上网查的。
所以以后有不懂的地方要多问问别人，或者在书中、网上找找看，一定会
有更多的收获。"

教学反思

我很庆幸自己备课还算充分，没有给孩子一个模糊甚至错误的答案。试想一下，如果我没有读《解密佤山》，如果我没有在论坛里发帖子，如果我的朋友不给回复，我不是就把自己偏颇的理解告诉孩子，给了他们一个不全面的答案？

教师备课时一定要充分，不仅要备教材，还要备学生。现在孩子获取知识的渠道很广，同样，我们老师也要通过多渠道学习——可汗学院、维基百科等，多搜集资料，对教材进行多元解读，不仅要知其然，还要知其所以然。

6

勇敢的"小象"

《两只小象》是一首经典的儿歌，从幼儿师范的文选课、幼儿园大班的儿歌教材，一直到小学一年级的音乐教材，都有这首歌谣。歌曲通过有规律的节奏配以亲切的曲调，生动地描绘出小象用长鼻子互相问好、一同在河边嬉戏的生动画面。歌词用了非常儿童化的口语，通俗易懂。"两只小象，河边走，扬起鼻子勾一勾，好像一对好朋友，见面握握手，握握手！"潜移默化地影响孩子们要团结友爱。

这学期我教唱这首歌，却意外地发现教材上"见面握握手，握握手"改成了"见面行个礼，行个礼"，但是教学范唱磁带和人民教育出版社提供的歌曲 Flash 都是"见面握握手，握握手"。"行个礼"是文绉绉的书面语，没有"握握手"这种口语式表达生动形象。因此我就想改一改，教孩子们唱"见面握握手"。

上课的导入是从以前讲给孩子们听的童话《夏洛的网》开始。我和孩子们一起回忆小猪威尔伯和蜘蛛夏洛之间真挚的友谊，然后告诉孩子还有两个小客人从遥远的西双版纳赶来，用歌声为我们讲述他们的友谊，我边说边在黑板上用粉笔快速画出两只鼻子相勾的小象，从而自然地引出歌曲《两只小象》。

我让孩子们听了三遍范唱，在每次听时都有不同的要求。我让他们用身体语言，拍手拍腿，感受三拍子的强弱规律。我还和孩子们发明了一种用铅笔和文具盒做小乐器来伴奏的形式。每次我把铅笔像指挥棒那样高高举起，孩子们都非常开心，跟我一起伴奏，三拍子的规律孩子们掌握得非常好。

接着，我又让孩子们欣赏了人教社提供的歌曲 Flash，憨态可掬的两只小象在大森林的小河边游泳嬉戏。动漫制作精良，孩子们看得兴致盎然。应孩子们的要求，我连续放了三遍 Flash，还要求他们边听边想象小象走路的样子。

"老师，错了！错了！书上是'见面行个礼'！"家奇打开书，马上像哥伦布发现新大陆一样高声嚷着。我心里一喜，终于有孩子提出异议了。我没有立刻表态，而是和孩子们比较着唱了一遍，孩子们也说"握握手"比"行个礼"好唱。

我郑重给家奇发了一个大拇指奖章，表扬他敢于提出自己的看法和见解，是只勇敢的"小象"。我又"借题"发挥，对孩子们说道：

"你们瞧，书本上的内容也有值得商讨的地方，我们觉得不合适就可以修改。那么，别的书或者老师和家长的话如果有不对的地方，我们同样可以大胆地提出自己的意见。老师就喜欢会思考的好孩子。"

我话一说完，就有好几个孩子举手说他们早就发现了，只是没有说。我告诉他们发现了就要大胆地说出来。

教学反思

我在心里暗暗高兴，我和孩子们不是正在践行新课改的理念吗？教师在课堂上可以用课例教育孩子不要迷信权威和教材，用质疑的眼光去看待周围的事物，从而培养学生的求异思维，进而使他们潜在的创造力充分迸发出来。长此以往，学生的学习态度将真正由"被动接受"转变为"主动探究"，求异思维将会逐渐养成，创新意识将由此而生。

要从低年级就开始鼓励孩子不迷信权威，不迷信教材，敢于质疑，这样到了高年级，他们自然而然就会养成质疑的习惯。

7

唧唧喳喳作曲乐

偶然在《中国教育报》上读到著名的音乐家和诗人金波老先生写的一首简单优美的诗歌《星星和花》。美丽的意境，精彩的比喻，勾画出一幅赏心悦目的图画。读着，品着，我仿佛闻到了田野里鲜花的芬芳，看到了满天星星的闪烁。全诗浅显明了，没有生涩的句子，而且还富有音韵，非常适合孩子们编创童谣。

星星和花

我最喜欢夏天

满地的鲜花

这里一朵，那里一朵

真比天上的星星还多

到了夜晚

花儿睡了

我数着漫天的星星

这里一颗

那里一颗

又比地上的花儿还多

一上课，我就打开多媒体，把精心制作的一幅图片投影到大屏幕上。淡淡的粉蓝色背景上用玫瑰红的字体写着《星星和花》的诗句。我告诉孩子们这是金波爷爷写的儿歌，请大家欣赏。

孩子们轻轻地诵读着，三遍后他们都能背诵下来。我问孩子们对这首诗的感受，天翔抢着说："很美！"品一说："这样美的诗歌如果能变成歌谣，就更棒了！"

哈哈！正合我意。我笑着点头说："孩子们，伟大的作家歌德曾说过，语言的尽头鸣响起音乐。既然我们都觉得这首小诗这么美，就一起把它编成曲吧，让我们过一把小小作曲家的瘾，好吗？"

我穿梭在孩子们中间，听着他们在即兴编创。天翔看着屏幕，小脑袋一晃一晃，忘我地唱着，仔细一听，原来是用了《外婆的澎湖湾》的曲调。"很好听！"我一表扬他，孩子更开心了，告诉我他在想编另一个调呢。

古灵精怪的星朵朝我招手，迫不及待地对我说："老师，歌词就像童话一样，花儿一会儿合拢睡觉，一会儿又含苞待放。我觉得金波爷爷好厉害，我真想拜他为师呢。"我笑着抚摸着她的头，让她把自己编的曲子唱给我听听。小姑娘边唱边手舞足蹈。

"好孩子，你编的曲好美，老师都陶醉了！"

星朵开心地笑了。

南排座位那个眉清目秀的小姑娘在张着小嘴巴唱着，我走到她面前，想听听她的演唱。她的小脸涨得通红，害羞地摇着头。我弯下腰，把自己的耳朵伸到她面前，悄悄对她说："没关系，可以小声唱给我听，好吗？"小姑娘唱了起来，轻轻柔柔的，好像怕惊扰了夏夜的美梦。"很好听！"我朝她点着头，小姑娘满眼的笑意。

漂亮的霄林一声不吭地坐在那里，我知道这个小姑娘很内秀，不喜欢表达出来。我真想听她编创的歌谣，但任凭我怎么鼓励，孩子就是不好意思唱。我不再坚持，不能让孩子对作曲产生抵触情绪，不喜欢唱就不唱吧，兴趣才是最好的老师呢。

墨奇和博瑶在编创对唱，你一句我一句，唱得流畅又独特。天翔告诉我他又作了几首曲子，小家伙还真找到编创的感觉了。哈哈！孩子就是这样，给点阳光就灿烂。

接着，我以乐队指挥的姿势站到了讲台前："我指挥着你们一起演唱《星星和花》，就用你们自己喜欢的音调，好吗？"

我一挥手，教室里就响起了一片歌声，此起彼落，虽然很不协调，但我看见每个孩子都张着小嘴巴，在用心地唱着，教室就像春天的鸟巢，唧唧喳喳，好不热闹。

 教学反思

编创歌曲，有时是对歌曲的延伸和扩展。这样的编创课使孩子们尝到了创作的甜头，发展了他们思维的独创性。不过，这更要求我们多给孩子一点鼓励，尊重孩子的创作成果，哪怕孩子的创作很生涩、不流畅，都应给予鼓励。在课堂上，有时一个眼色、一颗星星、一句鼓励的话语，虽然微不足道但却能令孩子铭记在心。作为教师，我们应该为孩子们营造一种和谐、民主的氛围，因为这才是孕育创新的一片沃土。

8

永远的澎湖湾

《外婆的澎湖湾》是由台湾著名的民谣创始人叶佳修创作的一首脍炙人口的校园民谣。歌曲以充满激情的抒怀笔调，表达了对可爱家园的赞美之情，同时也勾起了人们对美好童年时光的怀想。

我学唱这首歌，还是在小学二三年级时，可以说是这样的校园歌曲伴随着我成长。因此在设计《外婆的澎湖湾》的教案时，我进行了深入的研究，备出了翔实的教案。

在三（3）班第一次上课时，我发现这首歌根本不用教唱，孩子们早已通过父母或者爷爷奶奶，还有各种媒体学会了这首歌，我预计的难点——切分节奏，也根本不成问题，孩子们很流畅地演唱了出来。

怎样上好这一节看似孩子们都很熟悉的课呢？下课之后我又对教学思路进行了重新的梳理。我决定充分利用网络资源，对这首歌曲进行深度的欣赏，让孩子们欣赏多种演唱形式，感受和声的美妙，提升审美的品位。

三年级是中年级，合唱的基本知识应该循序渐进地渗透。这首孩子们熟悉的老歌，又是经典的歌曲，网络上有很多演唱版本，著名童星段丽阳的演唱，有一种童真的味道；原唱潘安邦的演唱深情悠扬；词曲作者叶佳修自弹自唱，别有一番味道；谢莉斯和王洁实演唱的二重唱，层次清晰，线条鲜明，感人肺腑，使传唱恒久的经典老歌既有新意又不失亲切。我还找到了现在国内最出色的三重唱组合"梦之旅"演唱的《外婆的澎湖湾》，他们三人那清澈润泽的音色、优美简洁的混声合唱、绵长有致的气息，如

天籁般醉人。

查找到翔实的资料，就好像厨师备好了上好的食材一样，想做出一桌美味的饭菜，还需要看厨师的厨艺。

在导入部分，我就从上学期学唱的《蜗牛与黄鹂鸟》开始，为后面引出台湾民谣做铺垫，同时也活跃了气氛。孩子们很有兴致地复习了一遍后，我让他们继续说说对台湾的了解。他们畅所欲言，提到了阿里山、日月潭、澎湖湾，有一个孩子居然还知道台湾在清朝曾被外国列强侵占，虽然他不知道那是丧权辱国的《马关条约》的结果。

孩子们说完后我加以小结，接着播放了《外婆的澎湖湾》的歌曲Flash。

美丽的画面配上优美的歌声，让孩子们沉醉。很多孩子说，听着歌就好像来到了澎湖湾。我顺着他们的话题引出了歌曲的创作背景和趣事。

《外婆的澎湖湾》是由台湾校园民谣的创始人叶佳修写的，由潘安邦演唱后，澎湖湾也跟着闻名起来。更有趣的是，潘安邦的外婆也如澎湖湾的景点一样，成了游客们拍摄的对象，慈祥的外婆从来不会拒绝游客们的要求，因为她知道，是孙子的歌声把他们带到了澎湖湾。

我接着播放了由潘安邦演唱的Flash，孩子们饶有兴致地欣赏着，不时发出赞叹。

后来我们又欣赏了童声版的《外婆的澎湖湾》，我还安排孩子们进行了搭档演唱。在肯定孩子们的齐唱效果时，我又告诉他们："这么优美的歌曲要是配上好听的和声，那将是锦上添花。"接着引出了对二重唱版和三重唱版的欣赏。那优美的和声、动情的倾诉，像徐徐的清风，营造出唯美的音乐意境。

最后，我们又一起欣赏叶佳修自弹自唱的《外婆的澎湖湾》，孩子们兴致盎然，自发地击掌伴奏。

 **教学反思**

如何创造性地运用教材，这需要老师在备课上下工夫。备课既要备教材，也要备学生。我们要对教材内容进行多元的解读，尽量让孩子们对歌曲和乐曲的掌握更全面些。

中年级的学唱可以在延伸部分欣赏其他的台湾校园歌曲，让孩子们对这一类型的歌曲有较全面的了解。我们也可以就一些画面感很强的歌曲，让孩子们合作排演音乐剧，比如《蜗牛与黄鹂鸟》，加深他们对歌曲的理解。

9

不期而遇的暴雨

从清晨开始，空气中就弥漫着海的气息，咸咸的海风扑面而来，湿湿的，黏黏的。随着上课的铃声，酝酿已久的雨开始下了，越来越大，"黑云翻墨未遮山，白雨跳珠乱入船。"雨珠从天上散落，叮咚作响，构成了大自然最美的交响乐。

到了第三节课，暴雨越下越猛，原来准备给孩子们上一堂网络欣赏课的，可窗外电闪雷鸣，多媒体网络是不敢使用了。

"这可怎么办？"我正思考着，突然，一道闪电夹着震耳的雷声，引来孩子们尖利的叫声。

"好大的雨呀！""好吓人的雷声！"

"老师，大雨给我们操场洗澡了。"……

孩子们的心思都在大雨上，既然如此，这节课我何不就让孩子们创作关于暴雨的儿歌呢？

当我告诉孩子们这节课是编创课时，孩子们更加兴奋了。我给他们十分钟的时间，他们可以自己创作歌词、旋律，也可以两人合作。我刚说完，班上的"小钢琴家"朱锦清就急切地举起手。

"老师，我想为大家演奏一下布格缪勒的《暴风雨》，可以吗？"

我微笑着点点头，小姑娘很有大家风范，从容地走到电子钢琴前，先是一阵"小弦切切如私语"，接着小手灵活快速地弹奏起来，"大弦嘈嘈如急雨"，间或夹杂着用低音和弦模拟的雷声，"嘈嘈切切错杂弹，大珠小珠落玉盘。"慢慢地，似乎风停了，雨住了，天边露出了彩虹……孩子弹奏的旋律和窗外暴雨的韵律自然地融合在一起，天人合一。我和孩子们都陶醉在这美妙的音乐中，许久才想起为锦清精湛的演奏鼓掌。

"希望小钢琴家的演奏能激发我们更多的创作灵感，现在我们开始创作吧！"我边说边巡回在孩子们中间，倾听着他们的创作。

"亲爱的，你拿把伞，小心暴风雨会把你淋湿。亲爱的，你慢点跑，小心你会滑一跤……"后排那个胖乎乎的小男孩模拟《两只蝴蝶》的曲调在开心地给同桌唱着，惹得旁边的孩子都哈哈大笑，小家伙的脸红了，但还是勇敢地顺着自己编的歌词唱了下去。

"不得了！不得了！暴雨来到了，天色变暗了，雷声轰隆隆。不得了！不得了！暴雨来到了，小草开心了，小树哈哈笑。哗啦啦，哗啦啦！"雨桐绘声绘色地演唱着，表现了雷雨中自己的惶恐和风雨中小草小树的样子，很有意思。

张志威则选用《喜唰唰》的音调，用 Rap 的形式说唱："热带风暴，雷鸣电闪，鼓足勇气，穿越时空，我们永不放弃。"诙谐幽默的形式和夸张的动作让孩子们哈哈大笑。有了观众，志威的表演更起劲了。

"滴滴滴滴，下个不停了，哗哗哗哗，下得太大了，啦啦啦啦，我可怎么回家呀！"旭宏可能想到放学回家没有伞，就把情绪也带到歌里，真有趣。

"哗啦啦，哗啦啦，我们相伴踩雨去；噼里啪啦，溅起朵朵小水花……"这是一帆和泳宏一起创作的。她们俩形影不离，合作创编的歌曲模仿了《开心宝贝》的曲调，非常贴切，好听极了！

"暴风雨，我爱你，就像老鼠爱大米。电闪雷鸣，震耳欲聋，小苗快快长，盼着你天天下到底……"现在的孩子对流行歌曲情有独钟，李明用《老鼠爱大米》的旋律把歌曲演绎得非常精彩。

孩子们甜美的歌声，和着欢快的雨声，编织了一首欢快的交响曲。

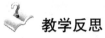 **教学反思**

　　预先准备好的教案因突发状况不能进行，这就需要老师因地制宜，灵活机智地生成新的课程内容。春天的第一场小雨、夏天的大暴雨、缠绵的秋雨、初冬的第一场雪等这样的自然美景，这样诗意的场景，我们一定不能错过。孩子的童年应当是一首诗，这首美丽的诗是由老师构思，师生一起创作而成的。

10

"不速之客"带来的精彩

　　校本课上，我和孩子们正在演唱《让我们荡起双桨》，我弹着高声部旋律，口里随着低声部的孩子一起演唱。突然我听见几个孩子的尖叫声，再一看原来飞来一个"不速之客"，"老师，马蜂！""马蜂，马蜂！"

　　音乐室里这下可炸锅了，任凭我弹了好几遍《安静歌》①，孩子们也听不见。怎么办？我姑且来欣赏他们精彩的即兴表演吧！

　　你看，有的探头张望，有的在议论，有的捂着耳朵，有的抱着头，有的蹲在地下，有一个小姑娘竟然"抱头鼠窜"冲出了音乐室，整个课堂乱成了一锅粥。"马蜂"一会儿低飞，一会儿高飞，引来孩子们一声声刺耳的尖叫。

　　这个破坏课堂纪律的"罪魁祸首"终于飞到玻璃窗上了，该我出手了。我拿着书狂拍，打得它翅膀上的粉末乱飞，我每打一下，孩子们就惊叫一下。终于看清了，原来就是一只大蛾。

　　"哈哈哈！原来是一只蛾，看把你们吓成这样。"孩子们有的抚着胸口，长长地舒了一口气，有的笑话刚才受惊的同学。

　　看着孩子们一个个兴奋不已的样子，想正常进行我预先设计的课是不可能的了，孩子们的心还在这只大蛾身上呢。怎么办？我灵机一动："孩子们，今天我们就来上节创编课，素材就是这只不速之客。谁想到了什

―――――――――

　　① 《安静歌》，是我自创的曲子，见41页。弹奏这首曲子是要求孩子们安静下来。——作者注

么？要用一首曲子来描述。"

"谁的灵感来了？不用举手就可以说。"我的话还没有说完，就有一个小姑娘抢先回答了："老师，我觉得用惊魂未定来描述最恰当。"虽然她答非所问，但她说出了自己的感受，我还是送给她一支《棒棒歌》。

"老师，我想用肖邦的作品来描述，因为肖邦的作品都是一会儿高一会儿低，一会儿密集一会儿疏散。"一个小姑娘连说带比画，"干脆，我为大家弹一下吧！"小姑娘的演奏很逼真地刻画出大蛾的飞翔。听着同学们送给她的掌声和《棒棒歌》，小姑娘笑眯眯地回到了座位上。

"我想用《车尔尼299》里的练习曲来描述。"

"老师，我想用《牧民的一天》里的一个片段来表现刚才音乐室的慌乱。"

"我用《春节序曲》里的一个片段来表现大蛾的飞舞。"

孩子们争先恐后地表演着，弹奏着，那只被我打晕了头的大蛾也静悄悄地俯在窗棂上，似乎也在欣赏孩子们精彩的表演。

 教学反思

下课了孩子们还意犹未尽，虽然我精心设计的教学内容没有完成，但由"不速之客"带来的精彩却让我和孩子们收获不少。这样的创编课不可复制，这样充满了生命活力的课堂不可复制，这种创新的体会不可复制，也许这就是新课程新理念的魅力所在。

师生之间互相启迪，互相尊重，互相信任，孩子们积极主动地观察、思考，敢想、敢问，创造的欲望才有可能被激活。

11

神奇、美丽的音乐花儿

区里要举办艺术节，要求孩子们一起演唱《阳光下的孩子》。这首歌对于二年级的孩子来说难度比较大，需要让他们反复欣赏、学唱，为此我下载了视频和音频。

二（1）班第一个学唱，为了让孩子们对旋律有个深刻的印象，我先让他们欣赏音频。随着欢快的音乐响起，教室里突然一片"躁动"：

"哇！""太美了！""像飞转的陀螺！""像飘舞的雪花！""像神秘的时光隧道！""像翻滚的浪花"……

我一下愣住了。哦！原来音乐室刚换了播放器，和教室的不一样，是Windows Media Player，对音效有可视的效果，孩子们被播放器所呈现的变幻莫测的画面震撼了。

在孩子们强烈的要求下，我又连续放了三遍音频。对于旋律，他们可能记不清楚，但对那些图案的痴迷倒是真切地写在他们脸上。你看，一个个小脸通红，两眼发光，表情异样兴奋。

等孩子们慢慢平静下来，我才打开我的视频，请他们对照着歌词欣赏。

我告诉孩子们，在非洲的蒙博托湖上有一种荷花，非常神奇，它的花蕊中有四个气孔。每当微风从气孔进入，吹动着干燥的花膜，花朵便会发出一种如同音乐的声响，非常动听，所以人们都叫它音乐花儿。在电脑上，也盛开着音乐花儿呢。今天我们一起边学歌边欣赏一下这些美丽、神

奇的音乐花儿。

孩子们瞪着小眼睛，迫不及待的神情真是招人喜欢。

当音乐响起，音乐花儿伴随着欢快的旋律和节奏，像小精灵一样流畅地变换着线条、色彩和图形，恣肆汪洋，而且最神奇的是，每次播放，那些图案都不一样，变幻莫测，神奇无比，孩子们看得目不暇接。

差不多每个孩子都争着说出了自己眼里的音乐花儿，我都记不住那么多孩子们看了音乐花儿后的独特感受。课间小憩，我就让他们用画笔留下自己心中的音乐花儿。果然，他们的画面同样绚丽多姿，神奇美丽！

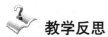 **教学反思**

孩子们对音乐花儿的喜爱超乎我的想象。不经意间音乐花儿就唤起了他们无穷的想象力。在孩子的眼里，这世界多么奇妙，多么神奇！我喜欢的女作家铁凝说过的一句话——"拥有心灵和手充分自由的只有两种人：一种是世上少有的艺术大师，一种便是孩童。"让我们都来珍惜、呵护孩子这宝贵的"自由"，给他们提供更多感受的机会，让他们尽情地体验自己独特的感受吧！

12

宁静的夜晚，优美的歌谣

"弯弯的月儿小小的船，小小的船儿两头尖。我在小小的船里坐，只看见闪闪的星星蓝蓝的天。"我是吟唱着《小小的船》这首儿歌长大的，它是我们童年的歌谣。

天空蓝得那样清澈、广博，月儿是如此温柔、可亲，闪闪的星星又是那样顽皮、活泼。坐在月亮船上的孩子，心情是多么的舒畅和快乐！感谢叶圣陶老先生给无数孩子的童年一个快乐的梦，引发一代又一代的孩子对美的无限向往与渴求。经典的童谣就这样保持着长久的生命力。

开始学唱前，我说："孩子们，请闭上眼睛想象一幅美丽的画面。在晴朗的夜晚，天空中的星星调皮地眨着眼睛，在星星的中间有一只弯弯的像小船一样的月亮，月亮上坐着一个美丽的小姑娘，就像坐在小摇篮里，真舒服、真快乐呀！"

这时旋律在他们耳畔响起，画面在孩子们的头脑中浮现，意境在他们的心中生成。我再适时播放范唱，那深情优美的三拍子旋律深深地吸引了孩子们，他们情不自禁地跟着哼唱了好几遍。

无需教唱，孩子们就能随着琴声演唱。有的孩子声音大了点，我就悄声告诉他这样演唱会惊吓月亮上的小姑娘，是很不礼貌的。孩子们就很自觉地放低声音。

然后我们又接龙唱，分组唱，很快孩子们都能很熟练地背唱下来，我就奖励他们一个关于月亮的神奇故事——嫦娥奔月。最后，我又很自然地

引申到"神舟九号"和"天宫"的对接，实现了我们祖先飞天的梦想。我鼓励孩子们："等你们长大了，就可以去宇宙探索大自然的奥秘呢！"

听了我的话，很多孩子都挺直了小胸脯，好像自己就是未来的宇航员。

 教学反思

童谣的题材丰富多样，从天上到人间，从陆地到海洋，从动植物到非生物，都是童谣的素材。世界各国各民族都有童谣，甚至没有文字的族群也有自己的童谣。

童谣是有韵的母乳，是孩子的心灵鸡汤，能够润泽他们的身心。优秀的童谣可以启迪心智，可以陶冶情操，也可以愉悦身心。童谣也是孩子们的另一面镜子，透过它，我们可以真切地看到孩子们的心灵画卷。

童谣如此美妙，那么孩子学习童谣的过程也应该是快乐的。对于经典的童谣，教师要注意挖掘其新意，赋予其新的内涵，就算是旧酒也要装进新瓶里，让孩子们有兴趣继续快乐地吟唱。

13

登到第 34 级台阶

　　最近我一直在看当代教育家阿莫纳什维利的著作。一个大教育家亲自到小学带一个班，深入一线，掌握第一手教学资料，写出如此鲜活的随笔故事，真令我敬佩。

　　我看了他的一篇随笔《第一千堂课万岁》，他用心计算了孩子们从幼儿园学前班到小学各年级的全部课程数，然后记下一年级能上多少节课，第一千节、第二千节都是在哪些时候。大教育家对教育的用心由此可见一斑。他形象地对孩子们说："每一堂课——都是你们成长的台阶。如果把学习比作是一架螺旋形的长梯，一堂堂课就是这架长梯上的一级级台阶。你们可以想象一下，已经登上了怎样的高度！"孩子们听了他的话，对课堂充满了惊奇，对第一千堂课充满了期待。

　　中国有句谚语"一年之计在于春，一天之计在于晨"，说的也是计划的重要性。以前我对计划、总结之类有些反感，看了阿莫纳什维利的随笔，我一下子觉得切实可行的计划是多么重要，可以让老师和孩子都有一种紧迫感，光阴似流水，一堂课 40 分钟过去了，这节课就永远消失了，再也不能回来！

　　我也要在我的课堂上和孩子们一起算算时间账，一起和时间赛跑。

　　今天是"绿色童谣"校本课程组的第一堂课。课前我就把课程表清楚地列出来，贴在黑板的左侧，右侧放了一个大钟表。一上课我就告诉孩子们，这学期我们一共可以上 34 堂课，我们需要学会一首合唱曲，编创六首

不同风格的童谣，赏析《阁楼上的光》等至少三部世界著名的儿童作品集，编演童话剧《小王子》，期末将对家长展示我们的学习成果。

这学期的计划时间很紧，内容很丰富：我们要开展好几个有意义的活动，比如一起布置音乐室的微笑墙，一起交换神秘的新年礼物……前提是必须保障上课的纪律和上课的时间。因为校本课程只有 35 分钟的时间，如果再因为某些人某些事耽误一点，上课时间也就只有 30 分钟，太短暂了！所以我想在音乐室挂一个大钟，我们都可以看到时间在"奔跑"，并学会用它来衡量自己的工作、生活的速度，不耽误一分一秒！

新学期开始，我和孩子们都站在第一层台阶上，"无限风光在险峰"，我们憧憬着登到第 34 级台阶时的收获。

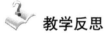 **教学反思**

学习没有计划，缺乏条理性，是儿童时期的一种自然现象。有时候，我们和孩子讲"制订学习计划很重要"的道理，或者干脆强迫他去做，很可能会使他产生厌烦、叛逆的心理。根据孩子的心理，用他们能理解的形式比如登台阶来让孩子明白学习乃至成长需要一步步前进，才能到达顶峰。通过师生一起行动这样的亲身经历，孩子们才会明了计划的重要性，才会对"登临长梯"充满期待。

14

愿做播撒经典种子的"花婆婆"

读完台湾著名的儿童文学家方素珍的绘本《我有友情要出租》，心里暖暖的同时又酸酸的，心想一定要把这个经典绘本讲给孩子们听。晚上我收集了《我有友情要出租》的图片做成了幻灯片。

今天一（6）班的孩子很乖巧，只用了20分钟，他们就能很流利地唱新歌曲《知了蜜蜂不一样》。我答应他们讲一个故事作为奖励。

"孤单的大猩猩出租友情，五块钱一小时……"教室里安静得都能感受到春风吹进来的声音。孩子们天生喜欢鲜艳的画面、童稚的语言和有趣的故事。小姑娘咪咪用一块钱租来大猩猩的友情，和它一起玩剪子、包袱、锤的游戏。笨笨的大猩猩只会伸出大手掌出包袱，因而总输。看着小姑娘小脚踩在大猩猩脚上，孩子们笑了；当小姑娘输了的时候，孩子们都很紧张，但一听我说大猩猩的大脚掌轻轻地落在小姑娘的脚上，一点儿也不疼，孩子们长长地松了一口气。

大猩猩和小姑娘两个好朋友在一起幸福地嬉戏着，最后小姑娘要搬家了，不能再和大猩猩一起玩。大猩猩独自嚼着饼干，在树叶上写着"我有友情免费出租"，在大树下面孤独地等待着下一个好朋友……

故事在这里戛然而止，好几个小姑娘听得泪光盈盈。现在的孩子什么都不缺，但缺少玩伴和友情。我请孩子们说说自己的感受。

"大猩猩这么可怜，我想到大森林里和他一起玩。"

"我觉得大猩猩不应该收小姑娘的钱，交朋友不应该要钱的。"

"大猩猩真好，他很喜欢小姑娘，脚就轻轻落到小姑娘身上。"

……

"孩子们，你如果是那个大猩猩，你会怎么做？"我继续引导。

"我不会在大树下守株待兔，我会主动去找我的好朋友。"戴着小眼镜的若涵坚决地说。

"我会去求小姑娘的爸爸再在森林住一阵，让小姑娘晚些走。"汪盈然的小眼睛红红的。

真不能小觑孩子们，他们的想法还很多呢。在他们的强烈要求下我又放了一遍幻灯片，孩子们有了新发现：差不多每个画面上都有一只米黄色的小老鼠，它一直在大猩猩面前，不是在它头顶的树枝上就是在旁边的草丛里，或者干脆骑在大猩猩耳朵边，最后的画面更是大猩猩和小老鼠在月光下的黑色剪影。我告诉孩子们：要注意珍惜身边的人，对于身边的友情，我们往往缺少发现，缺少用心地去珍惜，缺少交流和沟通。

下课了，孩子们还围着我唧唧喳喳，分享自己对好朋友表示友爱的方法。

 教学反思

方素珍作为一个著名的儿童阅读推广人，曾经翻译了一本图画书，名字叫《花婆婆》。之后，方素珍总是用喜欢用花婆婆来比喻自己从事的工作。我也多么希望自己也能像花婆婆一样，在孩子幼小的心田里播种下经典的种子，无论是经典音乐还是经典童话故事，我希望这些对于孩子心灵的呵护、人文精神的滋养，都如春雨点点入土。

低年级的孩子年龄小，特别是一年级的孩子，他们好奇，喜动，易兴奋，易疲劳，注意力不稳定、不持久，有意注意保持时间短。因此课堂小憩时，可以为孩子们讲一些经典的故事，让他们的头脑得到休息，之后再进行歌曲教学，效果会好很多。

15

爱的歌谣如春风拂面

《可爱的家》这首歌曲的旋律简单、优美，但自从在网上查找到有关这首歌曲的背后故事后，每次教这首歌时，那略带感伤的思乡之情就丝丝缕缕飘浮在我的心海里。

一上课，我就问孩子们："你们放学后第一件事情是什么？"

孩子们异口同声："回家！"

"老师小时候也是非常恋家的孩子，每次妈妈带我去姥姥家，一到晚上我就急着回家，虽然姥姥家有那么多好吃的也留不住我。"孩子们饶有兴致地听我说着童年往事。

"很多年以前有一个美国诗人培恩也非常恋家。他十几岁离家一直在外漂泊，他非常想念家乡的亲人，想念他度过了甜蜜童年的那幢爬满了常青藤的老屋。后来他就写了一首小诗《可爱的家》，被英国剧作家比肖普谱上曲子，成了歌剧《克拉丽》的主题歌。歌剧演出大获成功，《可爱的家》也成了一首家喻户晓的歌曲，被人们传唱。人们渐渐把它当作一首英国民歌，而忘了词作者是美国人培恩。后来，培恩任美国驻突尼斯领事，客死在突尼斯。多年以后，一个美国人为他写传记，又提到了《可爱的家》，当时的美国总统亲自主持仪式把他的遗骨从突尼斯迁回美国故土，当时成千上万的美国民众和一千多名儿童为他唱起了歌曲《可爱的家》。"

听完故事，教室里静悄悄的，接着我们开始学唱《可爱的家》。我点开了歌曲 Flash。我在网上找了一个爬满了常青藤的具有美国情调的老屋，

配上人教社提供的合唱版本，音画结合，效果很好。

甜美、质朴的旋律在教室里萦绕，第二遍时很多孩子就能跟着哼唱。最后几句有同学唱不准，因为节奏的延长让孩子们掌握不好音准。我弹着琴教他们唱了几遍，孩子们就唱得有模有样了。

课间小憩时，我又给孩子们讲了关于《可爱的家》的故事。

美国南北战争期间，有一次南北军队在交火停战的间隙，他们又开始了"精神之战"，敌我双方你一首我一首地唱歌。后来不知道哪一方的士兵用长笛演奏了《可爱的家》，结果两方的士兵竟然一起合唱起这首歌。血腥的战场一时一片温馨……

孩子们就是喜欢听故事，了解了歌曲的创作背景后，再唱时，他们的声音便多了一些柔美。

"孩子们，你们唱得这么好听，我奖励大家欣赏一首中国版的《可爱的家》！"我点开了《让爱住我家》的 Flash。2003 年春节联欢晚会上，来自广州的一家四口声情并茂地演唱了这首歌，很快风靡全国。更令我开心的是很多孩子也会演唱这首歌，跟着一起唱着。接着我又在大屏幕上展示了我的全家福，孩子们也纷纷说着自己可爱的家……

最后，我为孩子们播放了《吉祥三宝》的 Flash，孩子们一听，欢呼雀跃，和着音乐一起演唱着。这时，无需更多的语言，爱的歌谣就像春风，已经悄悄地走进了孩子们那稚嫩的心灵……

 教学反思

教师备课要充分利用网络，多方面挖掘歌曲背后的故事，以吸引学生的兴趣。而且，老师还可以用自身的故事来吸引学生，"亲其师，信其道"，孩子们对老师的故事很感兴趣呢。

第二辑

一切行动听音乐——课堂管理

16

唱的比说的好听

怎样让音乐课上得鲜活灵动、贴近孩子、富有特色，一直是我思考、探索的问题。

音乐课堂上，有许多需要向学生交代的常规，如果每次都解释、提醒一番往往会浪费很多时间，有时还会打断我们上课的思路。根据这一情况，我研究出了一系列"一切行动听音乐"的习惯培养方法，产生了各种各样的常规习惯提醒音乐。上课的问好歌、下课的再见歌，甚至起立、坐下、安静等我都用音乐来表示，真的是"唱的比说的好听"，让孩子们在一种温馨愉悦的氛围中上完一节课。

比如问好歌，旋律简短流畅，既是我和孩子沟通交流的前奏曲，又是一首发声曲。

1=F 2/4

(1 23 | 45 67 | i0 50 | i 0 |)

5 5 3 | 5 5 3 | 4 4 2 | 4 4 2 |

（师）同学 好，（生）老师 好，（师）同学 好，（生）老师 好。

1 2 3 4 | 5 6 5 | 1 2 3 4 | 5 6 5 |

大家 一起 问声 好， 大家 一起 问声 好。

5 5 3 | 4 4 2 | 3 4 5 5 | 6 7 1 |

笑嘻 嘻， 乐哈 哈， 我们 唱歌 多快 乐！

再比如，提醒学生小组活动结束用优美的安静歌。

1=C 2/4

$\dot{1}$ 5 3 | 1 3 5 | 1 3 5 | $\dot{1}$ $\dot{1}$ |

4 6 6 | 3 5 5 5 | 2 4 3 2 | 1 0 ‖

起立：用上行三度琶音。

坐下：用下行三度琶音。

提醒学生唱歌的姿势和拿好课本：用快速上行的刮音。

放下课本：用下行刮音。

调剂课堂氛围：儿歌拍手操

　　捏拢放开捏拢放开，小手拍一拍；

　　捏拢放开捏拢放开，耳朵拽一拽；

　　爬呀爬呀爬呀爬，爬到头顶上；

　　眼睛看好，耳朵听好，小手放放好。

 教学反思

用音乐来提示孩子，新颖又有效，同时也培养了孩子们对音乐的敏感和喜好。动静交替，孩子分散的注意力得到调整，情绪得以放松，有助于集中注意开展后续学习。孩子们的有意注意和无意注意得以转换和交替，课堂也显得节奏分明，错落有致，效果很好！

学生的习惯培养靠音乐来提醒，这样的课堂紧凑、高效，学生学得高兴，教师教得轻松。

17

送你一支《棒棒歌》

低年级的孩子上课好动，还没有养成良好的音乐课堂学习习惯。如：音乐欣赏时不能安静地聆听音乐；歌唱表演时大声喊叫；创编活动时，自顾自不与同学密切合作……如何根据孩子的年龄特点来想点妙招呢？

课间看见有的孩子吃着棒棒糖，甜蜜又幸福的样子，我就想音乐课上也送孩子们一支"音乐棒棒糖"。灵感一来，我一气呵成创作了一首《棒棒歌》。全曲的歌词只有一个字"棒"。曲调昂扬奋进，富有朝气和活力。

棒 棒 歌

1=C 2/4

5 3 3 | 5 2 2 | 5 5 5 6 7 | 1 1 1 ‖
棒 棒 棒 棒 棒 棒， 棒 棒 棒 棒 棒 棒 棒 棒！

怎样使这首歌更具有班级特色，让每个班的孩子都张扬个性，使歌曲更富有激情呢？我让孩子们自己设计《棒棒歌》的动作，谁的动作被采纳，将用他的名字命名本班的《棒棒歌》。

这下孩子们都如八仙过海，特别是爱好舞蹈的孩子，更是各显其能。有的用跷起的大拇指来表演，有的用 V 字形的胜利手势来表演，还有一个班的孩子做出动画片《聪明的一休》里的经典动作"歪着小脑袋，用食指点着太阳穴"，可爱极了。还有的孩子设计出握紧的拳头在胸前顺时针转动，他的解释是只有开动大脑的机器才是最棒的孩子。多有创意的动作呀！一年级的一个小女孩设计的动作竟然是嘴里舔着棒棒糖，小眼睛眯着，真像一个可爱的"小馋猫"，太有意思了。

最后每个班的孩子都设计出了不同的代表他们班级的《棒棒歌》动作。每当他们歌唱得好或者回答问题有创意时，我就送他们一支《棒棒歌》，孩子们唱歌时神采飞扬，师生互动，亲切自然，不时地掀起一个个小小的高潮。

教学反思

课堂上需要根据孩子的心理和生理特点来想一些小妙招，激发他们的积极性，活跃课堂气氛。多元、有趣的评价不失为一种有效的方式，尤其对小学低年级的孩子更是如此。音乐课上孩子敢不敢唱、喜欢不喜欢唱，都与老师的鼓励与积极评价有关，与课堂氛围有关。

每个班级总有一部分孩子，像角落里的小星星，安静地闪烁，有时甚至会被遗忘。老师要善于发现这些孩子的闪光点并加以放大，哪怕用很夸张的方式，要让这些安静、羞涩的孩子们也体验成功的喜悦，感受音乐课的快乐，这对他们很重要。恰当的评价可以成为音乐教学的指挥棒和晴雨表。

18

快乐的"哇噻"

每次演唱歌曲之前，我都要带孩子们进行发声训练，"咪呀嘛呀"训练一番。刚开始孩子们一个个坐得笔直，小嘴大张着，唱得很带劲。可过不多久，有些孩子就厌倦了这样枯燥的发声曲，练习时明显应付我，嘴巴张得很不积极，耷拉着小脑袋，发出的声音也是有气无力的。

"脸要笑得像花儿一样，嘴巴张大些！"我一边弹琴一边反复强调，但也起不了多大作用。

怎么办？我灵机一动，"同学们，你们高兴时喜欢说什么？"

"哇噻！"天哪，孩子们的齐声回答差点儿把音乐室的屋顶震翻，这些可爱的"小麻雀"呀！

"好，我们就用'哇噻'来练弹跳音，好吗？"

"好！"又是一阵欢呼。

接下去的发声练习太开心了，孩子们笑靥如花，声音洪亮，我用柯尔文手势指挥着他们的声音强弱。五分钟的时间很快过去了，孩子们还练得津津有味。

 教学反思

苏联著名教育家赞可夫说："不管你花费多少力气给学生解释掌握知识的意义，如果教学工作安排不能激起学生对知识的渴求，那么这些解释仍将落空。"音乐课如何从一开始就激起学生的兴趣，牢牢吸引他们的注意力，需要我们不断摸索、尝试和学习。

教学有法，但无定法，我们应该依据教学规律和原则去创新。比如，这节课我突发奇想地把平常单调的发声练习变了变脸，就收到了出乎意料的效果。"只要思想不滑坡，办法总比困难多。"只要老师俯下身子，开动脑筋，站在孩子的角度来设计教学方法，总有灵感再现，总有想不到的欣喜。

19

嗓音 "乐器"

　　我教一年级的孩子学唱《春天来到了》。"草儿青又青，花儿笑呀笑。柳树穿上穿上新衣袍……"好几个孩子竟然和我一起唱起来。我就弹着琴，请那几个孩子当小老师，教大家演唱。

　　三遍后，孩子们就会随琴演唱了，但他们需要在反复的演唱中熟悉旋律，掌握音准。我发现好几个小男孩子兴致勃勃，小脖子上的青筋都裸露出来，如果这样再唱几遍，孩子的嗓子会受伤的。虽然我给孩子们示范用柔和的声音演唱，但一唱到最后"布谷布谷，春天来到了!"有的孩子就会不自觉地情绪高昂，嗓门大起来。

　　等再一次演唱时，我就用柯尔文手势指挥孩子们唱布谷鸟的叫声，当我把右手举起放在我右眼旁边，孩子们的声音就大起来；当我把右手放在胸前平伸，孩子们心领神会，声音就小下去，效果还真不错!这样练了三遍，孩子们都掌握了布谷鸟的叫声。

　　孩子们已经集体、分组、男女生、四排轮流唱了一遍，有几个小男孩小屁股坐不住了。灵机一动，我有了主意。

　　"孩子们，我们每个人都有一个神奇的乐器，就带在我们身上。"我这么一说，孩子们都东瞅瞅西看看，小眼睛瞪得溜圆，满眼的困惑。我笑着指着自己的嗓子说："不要找了，就在这里呢。我们可以随意调整自己嗓音乐器的音量。"孩子们恍然大悟。我边说边张开嘴巴，默唱了一句。"这时嗓音乐器的音量是零!"我边说边握拳做了一个零的动作。接着我请孩子们跟我一起唱。他们饶有兴致地跟我一起张开小嘴巴默唱，教室里顿时鸦雀无声，我似乎能感受 60 多张小嘴巴发出的声音气流在教室里流淌。

此时无声胜有声！

我继续变换着默唱的形式，让孩子们出声唱一句，再默唱一句。我出声唱一句，孩子接龙默唱一句。每个孩子都全神贯注，因为稍不留神，就会跟不上节奏。

直到下课，孩子们还意犹未尽，玩得很开心，而且在不知不觉中歌曲旋律已经很熟练地掌握了。

教学反思

对唱歌的声音和力度，有些孩子一直有个误区，觉得声音越大、越用劲，就越表明自己唱得认真。怎么纠正这一错误认识，让孩子们学会科学用嗓子呢？我想还是用生动的语言和动作来解释，效果更好。这招适合中、低年级。

20

"老师，你会百变魔法"

怎样让低年级的孩子们保持浓厚的兴趣复习巩固歌曲呢？我想了一个小妙招。

"孩子们，现在我是你们的妈妈！"我的话刚说完，"啊？"他们都瞪大了眼睛，张大了小嘴巴，满脸都是疑问。

我卖了个关子，继续说道："好孩子，今天音乐老师教你们什么新歌了？能不能唱给妈妈听听？"

我的话一说完，孩子们的小腰杆都挺得笔直，好像妈妈就在眼前。琴声一响，他们就很投入地唱了起来，有的孩子还摇头晃脑地大声喊唱，声音高过其他同学。等集体演唱完了，我马上送去赞扬的话语：

"谢谢好孩子，送给妈妈这么好听的歌曲。但有两个孩子声音太大，妈妈的耳朵都震疼了，这样的歌声不太好听。谁能告诉妈妈，什么样的声音最美呢？"

"轻声！"孩子们马上异口同声地回答，因为这是我一直反复强调的。

"用最美的声音再给妈妈演唱一遍，好吗？"这一次孩子们的演唱和谐多了。

"现在，老师又变成了你们的奶奶。你们愿意给奶奶演唱一遍吗？"我边说边模仿着老奶奶瘪着嘴、驼着背的形象，孩子们都笑弯了腰。这次我请孩子们清唱，这样能更好地检查他们的音准。

"好！请晓田指挥，大家一起唱给奶奶听吧！"孩子们情绪饱满地清唱了一遍，我发现他们演唱时休止符停顿得不够利索，先是替"奶奶"为他们送去一支《棒棒歌》，然后又变回老师的身份，纠正了他们唱错的地方。

"现在，老师又变成了邻居家的小妹妹，我想请你们给我当小老师，教我演唱这首歌好吗？"孩子们一听要给小妹妹当小老师，稚嫩的小脸马上变得很自豪和骄傲的样子，一大半的孩子干脆不看书了，挺着小胸脯，很自信很流畅地把歌曲演唱了一遍。在我的要求下，小老师们又完整地演唱一遍，这时下课的铃声也响了。

下课了，孩子们还意犹未尽："老师，你会百变魔法，真有意思！"

教学反思

德国教育家第斯多惠有句名言："教学的艺术不在于传授的本领，而在于激励、唤醒和鼓舞。"其实只要老师稍微动一下脑筋，变化一下演唱的形式，就避免了枯燥无味的重复，让孩子们兴致盎然地熟练背唱了歌曲。

21

虫蛀的红苹果

在网上看过一个老师的随笔，很有意思。她上课时，孩子的作业写得好，就可以得一个苹果，写得不好时，也可以得一个苹果，但有几处错误就在苹果上挖几个虫眼。哈哈！真是好创意，非常符合孩子的心理。虫咬了的苹果，既是对孩子学习的肯定，同时也指出孩子的问题，比起一味肯定或一味否定，效果好多了。

我很受启发，就想创新这个"虫蛀苹果"形式，让我的音乐复习课也变变脸。

说干就干，我迅速地用粉红色的即时贴，剪了一大堆"大苹果"，用雪青色的纸剪了一些小圆点当虫眼，又用亮绿色的纸剪了一些小苹果花。

上课了，我告诉孩子们，四大组每组将得到一个"大苹果"，孩子们的小眼睛一个个瞪得溜圆，都想知道我的"葫芦"里卖的什么药。我把"苹果"分别贴在黑板上，标上一、二、三、四组。

"现在这个苹果很完美，但如果组里的同学违反纪律，那么很遗憾，苹果上就会有一个虫眼。"我看着有几个小淘气马上挺了挺胸脯，还有几个自律性很强的孩子瞪眼看着身边爱说小话的同学，那意思很明确，不要因为你而影响了我们组。

我话锋一转，"如果你表演得好，回答问题有创意，就可以得一朵小苹果花，当然也就可以把虫眼盖上了"。

这节课是演唱会，让孩子们复习歌曲。有两个小姑娘唱得声情并茂，我为她们组分别加了一朵小苹果花。两个小姑娘乐得合不拢嘴，脸上洋溢着成功的喜悦。其他孩子很踊跃，都想为小组争光。

后排的小男孩可能在写数学作业，我就给他们小组加了一个虫眼。这下他可成了众矢之的，"群众的力量是不可估量的"，遭了那么多的白眼，小男孩忍不住哭了。没想到这个虫眼也有"杀鸡骇猴"的功效，好一阵，只有加花的，虫眼就那么一个。

可过了一会儿，又有三个孩子小手不闲着，在玩小玩具，这样他们组的"苹果"上就多了一个虫眼，但有的虫眼被苹果花遮住了。一节课下来，只有二组和四组的大苹果上还各有一个虫眼。我答应孩子们两周后我们一起摘"苹果"，哪组的"苹果"虫眼少，哪组每人得一个小艺术家奖章。

教学反思

一个大苹果，可以被虫蛀，也可以用苹果花遮住，这样的评价方式巧妙地迎合了孩子的心理，又能增强他们的集体荣誉感。音乐课评价方式如此小变脸，收到了意想不到的效果。

学生反馈

一下课，孩子们围着我，唧唧喳喳，他们都对这个苹果游戏很感兴趣，又给了我一大堆建议：

邵宝莹：今天的音乐课让我感受到了集体的力量有多大。以前我总是想自己也能干一件大事，可是现在我不那么认为了。就像音乐老师说的那样：没有优秀的个人，只有完美的团队。希望我们能多玩几次苹果游戏。

于晗：今天我们玩了苹果游戏，我的感受是只要用心、只要努力就能成功。我还想向老师提一个小问题：为什么必须唱好歌才能得到

一朵苹果花，唱不好就什么都不给呢？哪怕给一朵小小的花呢？

蔡蔚：苹果游戏让我们的音乐课堂充满着竞争的气氛，让我们体会到"团结就是力量"这句话的含义，更让我们有展现自己才能的机会。我希望以后老师能继续开展这样的游戏，让我们在玩中唱。不过我有一个小小的建议，那就是我不想给苹果增加虫眼，如果谁表现不好，那就得一朵黄花吧，就像足球场上黄牌警告一样让同学们注意。

韩松：每次看到我们组得了苹果花，我就很开心，有人说话我就小声警告他不要说话，小心得虫眼，这个游戏可真好玩。

李昊：我觉得唱得好，得到一朵苹果花很好。有的人唱得很一般，但非常认真，也得了一朵苹果花。我很感动，因为老师知道我们认真在唱了，是在鼓励我们。

丛伊：虽然我们小组没有能赢得胜利，但苹果游戏带给我们快乐，也测试了我们小组的能力。

孩子们这么喜欢苹果游戏，我感到很欣慰。根据他们给我的建议，我将进一步改进游戏规则。比如到一年级上课，我可以让大苹果变成苹果娃娃。

让孩子们在玩中学，把音乐课变成快乐的课堂，给孩子最美的音乐课，是我上课的宗旨。

22

"老师有台 DV 机"

今天给一（3）班上课，我故作神秘地对孩子们说："老师有台 DV 机。"孩子们东张西望，都在寻找我的 DV 机放在哪里。我指着自己的眼睛说："DV 机就在我的眼睛里。现在我就开始拍摄了，谁的小眼睛一直对准我的镜头，和我的目光相遇了，谁就摄像成功了。"我一说完，孩子们都挺直了小腰杆，坐得整整齐齐。子富的大眼睛直直地看着我，头一直随着我的眼睛动，真怕自己的目光不能和我对焦。小佳惠坐在第一排，我站在她面前，小姑娘见我没有看她，着急了，用小手直拽我的衣襟，我低头一看，她的小眼睛瞪得圆圆的，像两颗黑葡萄。我心里真想笑，一年级的孩子就是这般单纯可爱。

《彝家娃娃真幸福》歌曲学唱完了，需要孩子们进行歌唱表演。我就让孩子们自己创编，并告诉他们老师的 DV 机已经打开了，随时捕捉表演精彩的镜头。

孩子们的表演真是五花八门：有一个小男孩学着花儿乐队演唱的《喜唰唰》的动作，边唱边用脚打着节奏，眼睛还微闭着，很是陶醉的神态；一诺很腼腆，我微笑着给她鼓励，小姑娘也很认真地编了起来。子仪的动作舒展大方，一招一式有模有样。晓昊没有好好准备，在悄悄摆弄橡皮泥。我低下头小声告诉他不要做小动作，老师的 DV 机也能拍下来呢。小家伙做了一个鬼脸，赶紧跟着同桌一起编曲。

等我走回讲台前，我告诉他们刚才我的 DV 机拍摄了两个小舞蹈家的

精彩表演，大家想不想也做一个小小摄像师，来拍摄这些精彩的镜头呢？"想!"孩子们一听，一个个跃跃欲试，有的还把两只小手放在胸前，好像真的扛了一台 DV 机。我请子仪和佳惠上台为大家表演，两个小姑娘笑得像花儿一样。她们在台前表演，台下的"小摄像师"们也拍得很开心，重要的是这样拍摄的过程还是一个学习观摩的过程。

再接下来我又"扛"起了 DV 机，拍摄全体孩子的表演。孩子们一个个神采奕奕，动作大方而且很有动感，我不时地朝他们竖起大拇指，他们表演得更带劲了。

 教学反思

评价方式要多元，也要经常变化，要用孩子的语言，站在孩子的视角，让孩子有新鲜感，这样才更有效。其实我们不要埋怨孩子学习的积极性不高，那是因为有时我们的方法不对头，枯燥的练习、过高的要求都会挫伤孩子学习的兴趣。只要我们多听听孩子的意见，用他们喜欢的方式和他交流，勤思考，勤动手，勤积累，就没有上不好的课，没有不喜欢音乐课的孩子。

23

"好事罐" 的魅力

最近在教育杂志上看到介绍西方教师管理学生的策略精选，觉得受益匪浅。其中有奖励孩子的一个方法——每班有个"好事罐"：每周都努力"当场抓住"表现好或做好事的学生，让被"抓住"的学生把自己的名字和所做的事写在纸片上，然后把纸片放入一个"好事罐"里。每到星期五，从"好事罐"里随机取出几张纸片，给被选中的学生发小奖品。

我心里暗喜，这个"好事罐"来得正是时候。我准备每个班建一个"好事罐"。前一阵苹果花和虫眼的游戏使孩子们很感兴趣，但一种游戏如果反复玩就会失去魅力。

一上课，我就故作神秘地说："孩子们，老师这里有一个'好事罐'。如果一节课谁唱歌、发言和纪律最好，那就把他的名字写在纸上，投进'好事罐'。我们竞选一个罐主，由他把名字记下来，写成纸条放在好事罐里。每个月最后一节课，我们一起打开'好事罐'，整理纸条，谁的纸条越多，得到的奖品就越多。好不好？"

孩子们听了兴高采烈，都举手想当罐主。

小驰更是急切，快要站起来举手了，一双大眼睛目不转睛地看着我，小脸涨得绯红，"老师，我！我!!"看着孩子那可爱的神态，那么积极向上，我觉得很高兴，可我也知道小驰有个很大的毛病，他想得到的东西若得不到，他就很不高兴，甚至会有一些很过激的表现。因此我决定，不能让他当第一个罐主。

果不其然，小驰一看我把罐主的名额给了别的孩子，一脸的不高兴，撅着嘴，瞪着我。我当作没看见，继续上课。但我眼睛的余光一直看着他，其他孩子唱着跳着，都争先恐后地表现，有好几个孩子的名字都进了好事罐。过了一会儿，小驰的小脸也慢慢舒展了，又开始好好表现，唱得很带劲。

"小驰，进'好事罐'！"

我一说完，小驰的小脸笑得如花一样灿烂。这是孩子通过努力得到的奖励，我朝他竖起大拇指，他笑得更开心了。

教学反思

他山之石，可以攻玉。为什么我们不可以发扬拿来主义，西为中用呢？不管白猫黑猫，抓住老鼠就是好猫嘛。"好事罐"的方法适合低年级的孩子，而且，针对特别的孩子应该给予特别的关爱。

他山之石比比皆是，但需要我们教师有一双慧眼去发现。练就一双慧眼，其实很简单，那就是拥有终身学习的理念。

24

招聘小老师

　　新课标规定"三年级学生能够识读简单乐谱，能用已经学会的歌曲唱乐谱"，但孩子们普遍不喜欢乐理知识。有的孩子抱怨唱歌谱太难，当要求孩子个别唱一唱已学歌曲的歌谱时，多数孩子总是表现出"赶鸭子上架"般的无奈，个别孩子则直言"不会唱"。但有些在音乐方面有天赋的或者学过乐器的孩子又觉得识谱是小菜一碟。乐理课上有的吃不饱、有的偏食不爱吃的现象时有发生。如何让孩子喜欢乐理课？我冥思苦想。编创童话、欣赏音符歌、跳音符方格游戏……我使出浑身解数，孩子们总算慢慢对这些"小蝌蚪"感兴趣了。

　　周六看央视二台的《绝对挑战》，我突然灵机一动，我要在下周的音乐课上"招聘"小乐理老师，复习五线谱知识。待遇是：参加挑战的获勇士章一枚，通过测试的获创新章一枚，最后被当选的获博士章一枚。我召集文艺委员宣布了我的"招聘启事"，让她们回去发动同学参加挑战。

　　上课的时候，我在黑板上写下了"招聘小老师"五个大字。

　　"同学们，希望你们踊跃表现，大胆展示自己的才华，老师希望看到你们精彩的表现。"我的一番热情洋溢的鼓动之后，有的孩子摩拳擦掌、跃跃欲试，有的孩子虽然很羞涩，但眼神很坚定，因为他有能力。我让文艺委员主持招聘，我坐到她的座位上，来当一名评委。

　　第一个上场的是一个小男孩，他的钢琴已经过六级了。他还蛮有老师风度，上来先给大家问声好，小脸涨得通红，有些手足无措。他先在黑板上画

了五线谱，然后一板一眼地教了起来。下课后，孩子告诉我他刚上去的时候很紧张。当看到我的笑脸和同学们认真听讲的样子，他的心才渐渐平静下来了，就把自己在音乐课和钢琴老师那里学到的知识都教给同学们了。他还谦虚地说知道台下有许多水平比自己高的同学，可他们还在那里静静地听自己说着、画着，他很高兴。感谢我给他这次机会，他会更加努力的。

第二个毛遂自荐的是文艺委员，看来她的课准备得很充分。她先请大家欣赏了一个卡通音符歌 Flash，接着又和大家一起背诵音符儿歌，同时在五线谱上画出了高音谱号。下面的一个同学马上举手："小彭老师，我想知道低音谱号怎么画？"

小姑娘满脸通红，说不出话来。哈哈！小老师被问住了。

"谁来帮帮小老师？"我问。

"低音谱号像个小蝌蚪，还有两只可爱的眼睛。"给文艺委员解围的是一个小姑娘，文艺委员感激地朝她点了点头，继续上课，"全音符像鸡蛋，二分音符扛符干，四分音符抹黑脸，八分音符尾巴尖，十六分音符双尾巴。"看着这个小姑娘在模仿我的上课风格，真的希望她能"青出于蓝而胜于蓝"。

我坐在孩子们中间，心里美滋滋的，想着我的音乐课，特别是乐理课，将"峰回路转""柳暗花明"了，不禁为自己的高招而偷着乐。

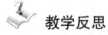 **教学反思**

欢乐的时光总是过得特别快。虽然下课时间将近，孩子们还是欣喜若狂，兴奋不已。"原来我也能当小老师呀！""当小老师又辛苦又有意思。"孩子就是孩子，一颗童心注定他们活泼热情，天真无邪，只要你给他们点阳光，他们就会灿烂的。让他们焕发热情，其实很容易，而且孩子们的能力有时真是无法估量。

25

把央视的金牌节目搬进课堂

今天的校本课还是演唱《我们把祖国爱在心窝里》的二声部，两个声部一直没有达到我想要的和谐的效果。要想整体效果好，就要单兵过硬，这节课我想让孩子们一个个演唱，单兵过关！

"同学们，你们喜欢看《大风车》里的《挑战800》吗？今天我们就来一次绝对挑战，我们一个个过关，老师弹一个声部，你们演唱不同的声部。有信心吗？"

孩子们你看看我，我看看你，没有人敢做第一只小百灵。

"那就先请王艳芳小朋友来吧。"我幽默地说，自己先来"抛砖"，孩子们开心地笑了。于是我一边弹高声部，口里唱低声部，一曲唱罢，孩子们的眼里满是崇拜和惊奇。有的孩子吐吐舌头，有的却连连摇头。程程跃跃欲试，我就请她和我一起合作，让她唱一个声部，我唱另一个声部。

唱完后，孩子们兴奋地拍起了手，"我宣布，程程挑战成功！"我夸张地高举起程程的手，小姑娘的脸红红的，像红苹果一样可爱。

之后，孩子们纷纷出手，有的挑战好朋友，有的挑战老师，你刚唱罢我就来，二声部的演唱热热闹闹，太好了，挑战成功！

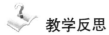 **教学反思**

课余听到孩子们在津津乐道央视的一些金牌栏目《大风车》《绝对挑

战》《幸运 52》《开心辞典》。我灵机一动，有了好主意，何不把这些金牌栏目搬进我的音乐课堂呢？

我模仿《绝对挑战》，在音乐课上招聘乐理小老师，复习五线谱知识。效果非常好！

我还不定期地进行音乐常识的知识问答竞赛，把孩子分成若干小组，让他们抢答，可以个人回答也可小组讨论，个人和小组成绩相加作为集体得分，分数最高的小组就是下一次知识竞赛的擂主，这就是模仿了《幸运 52》打擂台的形式，极大地调动了孩子们学习音乐的兴趣和积极性。

《非常 6+1》里的金蛋和银蛋我更是经常借用，把教学图片和教学歌曲放在充满幻想和惊奇的金蛋和银蛋里面，孩子们可以随意打开，这使得课堂妙趣横生，让孩子们充满期待。

26

给未曾谋面的孩子和家长写封信

以下是我在教一年级的时候，暑假里写给未曾谋面的孩子和家长的信。

亲爱的小朋友：

你们好！我是你们的大朋友——将和你们一起上音乐课的王老师。很开心能和你们朝夕相处，我们将一起玩耍，一起唱歌，一起聆听音乐！

好孩子，虽然我还没见到你们，但我内心早已把你们当成好朋友了！我迫不及待地想要看到你们可爱的笑脸。一想到以后要天天和你们在一起，我就感到自己是世界上最幸福、最快乐的人！

好孩子，音乐不是高不可攀的雪山，也不是深不可测的大洋，而是一片明净的湖水，清澈幽美。音乐就是我们生活的一部分，它能让你聪慧，使你高雅。

好孩子，有一个谜语：左一片，右一片，住在山两边，相互看不见。相信聪明的你一定猜出来了，对！谜底就是耳朵。请带上小耳朵，我们一起去聆听中外名曲，去歌唱童年的快乐。

好孩子，你知道吗？我们每人都有一个独特的乐器——那就是我们的嗓子。相信聪明的你一定会控制好"乐器的音量"。"静能生慧，静纳百川"，静静地欣赏，你的心门就会打开，美妙的音乐就会走进

来。我精选了一些世界名曲，一学期我们将欣赏20首曲子，五年我们就能欣赏200首呢。

好孩子，当你们觉得享受音乐就像呼吸一样自然时，你的世界就会更加广阔，你的生活就会更加充实。那时我就可以自豪地说：我在为世界做了一件美丽的事！就像花婆婆把鲁冰花的种子撒到山坡的小路上一样，我这个快乐的音乐老师也在播撒种子，你们的心田一定会开满鲜花，我坚信！

祝你每天都有成长的快乐，天天向上！

你们的大朋友　王艳芳

亲爱的家长朋友：

您好！

谢谢您让我拥有这么多可爱的孩子，能和他们一起畅享唧唧喳喳的欢乐童年，在冰清玉洁的儿童世界穿行，让自己的心灵在爱的滋养下成长，我的心里充盈着幸福，洋溢着自豪。

我希望通过我的努力、勤奋、热情、智慧与创新，在孩子和音乐之间架起一道绚丽的彩虹桥，让他们感受到音乐的美妙；我也希望作为孩子第一任老师的您，能和孩子一起聆听音乐，欣赏音乐；我还希望您把孩子聆听、欣赏音乐的感受告诉我，有困惑我们一起解决，有好建议我更愿意采纳。我们都是为了孩子，为了培养一个高雅的现代公民。希望我们的孩子都能自豪地说："我有一位和我一起唱歌、欣赏音乐的爸爸、妈妈，我还有一个和我们一起分享音乐的老师。"那时我们该多么骄傲，为孩子，为自己！

家长朋友，可以说我们是教育孩子的同行，我想请您帮忙：一是请把孩子的生日（阳历）通过博客告诉我，孩子生日那天，我们将在音乐课上一起为他（她）唱支生日歌，表达我们诚挚的祝福。二是您有哪些好建议尽管提出来，非常欢迎去我的博客"兰舟小栈"留言，我们一起畅享音乐的美妙，畅享和孩子共同成长的快乐！

我的联系方式：

邮箱：whwangyanfang@ 126. com

兰舟小栈博客：http：//blog. whcedu. cn/user1/wangyanfang/

你们的朋友 王艳芳

部分家长来信

亲爱的王老师：您好！

一年级六班的谷骋是幸运的，因为他有您这么好的老师，看了您写的文章，感觉孩子交给您十二分的荣幸和放心。希望您能影响他，教育他，让他快乐地学习，快乐地生活，长成一个乐观向上、不畏困难的棒小伙儿。谷骋的生日是 8 月 16 日。他很喜欢唱歌，只不过调子不太准，呵呵，请王老师多费心。

亲爱的王老师：

您好！我是一年级一班赵翙骅的妈妈，今天到您的博客拜访了一下，感觉您的文笔清新、细腻，感性理性兼备，非常高兴能够认识您，也非常高兴我们孩子能够在您的引导下畅游音乐的天空。

从赵翙骅出生开始，我就给他放一些音乐和儿歌，他也很喜欢听，我个人认为他唱歌特别好听。对了，他的生日是 7 月 15 日。我认为他在这方面有一定的兴趣，前一段时间，我们还教了他两段天津快板（《武松打虎》《猫和老鼠》搞笑版），他说得有鼻子有眼的，反响

不错。赵翙骅说话咬字也很清楚，我一直想让他学一下朗诵。王老师，有机会的话，请您关注一下他，并且给他一些鼓励和指点。

王老师，谢谢您，为赵翙骅在接下来的一年中和您共同度过的一年的快乐时光。

顺祝您工作愉快、心想事成。

敬爱的王艳芳老师你好：

我是谢佳丽小朋友的妈妈，很冒昧给你写这封信。虽然没能和你见面，但是感觉得出来你是一个有内涵的人。今天读了你给小朋友和家长的那一番话，内心深受触动，希望你和孩子们共同营造一个音乐的美丽新天地，孩子能在你的引导和音乐的熏陶下健康快乐地成长，因为孩子们的德智体全面发展很重要。我女儿活泼、开朗，也很喜欢唱歌，经常在家和我一起唱，因为我也喜欢唱歌。希望以后我们多沟通。我们很荣幸你能成为孩子的音乐老师。

祝你健康、开心，青春永驻！

 教学反思

给孩子写信，与孩子平等对话，让孩子有亲近感，让他们对音乐课充满期待和兴趣，也表达出对孩子的理解、期望和深爱，为营造生命化课堂打下了基础。给家长写信，让家长参与学校教育，目的也是为了让课堂延伸，让家长成为教育的好伙伴、好资源。

书信成为新学期老师给学生的一份特殊礼物，会让他们很难忘。

27

竞选歌曲代言人

孩子们最喜欢故事了，我一说要给他们讲故事，"耶！"好几个孩子都用手做胜利状振臂高呼，急不可待。我就喜欢孩子们这样的状态，于是我的小故事开始了：

美国土著人有个习惯，每逢外出旅行，走两天，就要停下来休整一段时间。用他们的话说就是，走得太急了，怕自己的灵魂跟不上来，所以要"等一等自己的灵魂"。

我话锋一转，"孩子们，我们从开学到现在已经学了八首歌了，我们也需要向土著人学习，停下来，开一个小小的音乐会。而且，我还要选出每首歌曲的代言人，带领大家一起唱，好吗？"

孩子们的表现欲就是强，他们都想做歌曲的代言人。"从第一首歌曲开始吧！"我弹着琴，孩子们唱起了"草儿青又青，花儿笑呀笑……"一个个边唱边表演着，尽情地表现着自己。后排那个腼腆的小姑娘表演得很认真，就选她吧。小姑娘好开心，红着脸站在前面，和同学们一起唱了起来。

《云》的旋律响起来，这首三拍子的旋律抒情优美，但有些难度。乐感很好、表现力很强的子仪最适合了，小姑娘确实不一般，带着同学们投入地演唱起来。《种瓜》的代言人是欣政——一个可爱的小男孩，他很卖力地挥舞着手中假想的"锄头"，真像一个可爱的小瓜农。

很快，八首歌曲都有了代言人。清唱、领唱、分组唱、集体唱，变换着形式唱了三四遍，孩子们唱得小脸红通通的。

 教学反思

复习歌曲是音乐课重要的组成部分。在一节以复习为主的音乐课上，通常是老师弹琴，要求同学背唱歌曲，但实际上，常能看到这样的情景：两三首歌唱下来后，有的同学便自行休息，有的同学相互聊上了，还有的同学做起了与本课不相干的事情来，剩下的同学也是面无表情地在哼唱，明显地在应付了事。

如何把歌曲复习课上得鲜活起来，让孩子们在复习课中走进歌曲，和音乐产生共鸣，并将自己的体验表达出来呢？竞选歌曲代言人，其实就是"变脸"的复习歌曲课。每个孩子都需要被尊重，被重视，他们渴望自己能出类拔萃，喜欢表现自己的才能，获得大家的认可，而竞选歌曲代言人则给了他们这样展示自我的机会。

28

"老师，我去借兵了"

　　竖笛进课堂是我们学校的校本必修课之一，孩子们从二年级开始练习吹奏。但他们经常忘记带竖笛，我想了个办法：给各班课堂用具准备情况评分，不带课本和竖笛的擦掉一个小星星，带齐的奖一颗小星星。但这个办法用过几次后，又是外甥打灯笼——照舅（旧），还是有不带的同学，我很头疼，怎么办？

　　闲翻杂志，看见一个哲理小故事：一位老先生的邻居们大多是一些十来岁的孩子。孩子们每每聚在一起时，总是追逐打闹、嘻嘻哈哈、吵声震天，使得这位老先生大受其苦。面对孩子们的吵闹，屡次出面干涉却全然不起作用，孩子们很快就在游戏的兴奋中把"吵闹会影响他人休息"的事忘得一干二净。后来，老先生想出了一个好主意来解决这个问题，他把孩子们叫到身边，告诉他们，他的听力不太好，但又想分享他们的快乐，听到他们的欢笑声。所以，谁的嗓门大，谁的叫声高，他给谁的钱就多。结果，有些孩子得到 5 角钱，有些得到 2 角钱，有些只得到 5 分钱。此后的一周里，总是施以同样的奖励，孩子们也卖力地大声叫喊。突然，从第二周开始老先生不再给予任何金钱奖励，结果，孩子们感觉自己受到的待遇颇不公正："今天喊得这么响，怎么连一分钱都不给？""不给钱了谁还给你喊？"至此，孩子们对大声喊叫完全失去了兴趣。

　　掩卷长思，我想我惯常的管理方式是做好了送一颗小星星，做不好就减一颗，把孩子天性的需要变成了奖罚，所以最终导致他们失去了学习兴趣。

我们学校的真爱教育强调"爱的细节"，根据低年级孩子的心理特点，我终于想出了一个既能达到目的，又能为孩子们带来快乐的方法。

再上课时，又有十几个孩子没带竖笛，还有四五个孩子连音乐课本也没带，我没有像平时那样批评他们，而是心平气和地问道："如果一个指挥官打仗时，只是一个人前往战场，没有带自己的兵。你们猜，结果会怎样？"

孩子们异常兴奋，特别是那些淘气的小男孩，他们抢着告诉我：不是被敌人打死，就是被敌人俘虏。听到他们的回答，我点点头。紧接着说："同学们，你们每个人都是一名指挥官，各式各样的学习用具就是你们的兵。音乐课上，音乐课本和竖笛就是你们的两个兵。请各位指挥官告诉我，你们上战场时会带着自己的兵吗？"

孩子们异口同声，群情激昂："会！"

"很好！听到你们的回答，我知道你们肯定都是合格的指挥官。从下节课开始，我要看看咱们班的指挥官们到底做得怎么样。"

第二节课，我刚进教室，很多孩子晃动着竖笛，兴奋地对我说："老师，我的两个兵都带来了！""老师，我是个合格的指挥官。可以上战场了！"上节课什么也没带的小淘气自豪地一手拿竖笛一手拿书跑到我面前，小胸脯挺着，俨然一个小指挥官。一个小姑娘不好意思地走到我面前："老师，我昨天放学直接去奶奶家住了，所以我的兵——竖笛没带。"看着小姑娘可怜的小样子，我也没多批评她。"以后知道第二天有音乐课，让爸爸妈妈回家帮你把兵带来，好吗？"小姑娘头点得像小鸡啄米。我刚想表扬孩子们几句，一个小淘气在门外喊："报告！老师，我去借兵了！"说着晃着手中的音乐书，这小家伙脑子真灵，很会沟通合作，还知道去别班"借兵"。我笑了，批准"小指挥官"归位。

教学反思

说来神奇，从这以后的音乐课，虽然还会有孩子没带竖笛或者音乐课本，我只要一提醒他们注意带好自己的兵，几个小家伙就扮个小鬼脸，摸摸鼻子，很不好意思，下节课一般都会带来的，因为他们还是一群生活在童话里的孩子。不过这招仅适合在低年级使用。

看着孩子的变化，我好开心：用孩子喜欢的方式来强调学习用具的准备，避免了老师无休止的说教和唠叨，效果不错，何乐而不为呢？

29

教孩子演唱我写的歌

一上课，我就对孩子们说："这节课我要和你们 PK 背唐诗，准备好了吗?""耶!"好几个孩子伸出双手做了胜利的手势，摩拳擦掌，跃跃欲试。

"床前明月光——"我刚说前一句。

"疑是地上霜。"孩子们接得震耳欲聋。

"两个黄鹂鸣翠柳——"

"一行白鹭上青天。"这样的诗句他们背诵得滚瓜烂熟，一个个洋洋得意。

"姑苏城外寒山寺——"我突然从中间背起，有很多孩子没反应过来，但也有几个机灵鬼接上了——"夜半钟声到客船"。我朝他们竖起大拇指。

"君问归期未有期——"李商隐的这首诗终于把孩子们问倒了。全班没有一个孩子能答上来，好几个孩子小脸上流露出不甘的神情。

"孩子们，你们还小，以后多背诵，一定能超过老师呢。老师上师范时还天天背诵呢。"我安慰着他们，接着话锋一转，"知道王老师今天为什么和你们 PK 背唐诗吗？几年前，福建音乐家学会的魏德泮爷爷写了一首诗《读唐诗》，就是用这些唐诗里的句子串成的。老师看了，非常喜欢！就一气呵成谱成了曲，后来发表在《儿童音乐》上。你们想听吗？"

"想!"孩子们的眼睛里写满了渴望和崇拜。哈哈！能赢得他们的崇拜，真的好幸福。

我边说边点开歌曲 Flash，这是学校小百灵合唱团的孩子演唱的，我的好朋友张启峰老师帮我配器合成，张晓华老师选取了一些中国画精品制作了 Flash，非常有意境。孩子们的演唱婉转悠扬，在副歌部分还配上唐诗吟唱，和声效果宛如天籁，让人百听不厌。

"床前的月光窗外的雪，高飞的白鹭浮水的鹅，唐诗里有画，唐诗里有歌，唐诗像清泉流进我心窝……"间奏的时候，孩子们看着唯美的画面，跟着一起诵读："春眠不觉晓，处处闻啼鸟。夜来风雨声，花落知多少。"

读唐诗

1=D　2/4

魏德泮 词
王艳芳 曲

(6·7 16 | 556 3 | 5553 566 | 7·5 6 | 6 - |

6 6 3 | 567 6 | 36 54 | 3 - | 2 2 6 | 123 2 |
床 前 的 月　光 窗 外 的 雪， 高 飞 的 白 鹭
枫 桥 的 钟　声 巴 山 的 雨， 边 塞 的 战 士

2 3 5617 | 6 - | 111 6132 | 20 | 556 6532 | 3 - |
浮 水 的　鹅， 唐 诗 里 有　画， 唐 诗 里 有　歌，
异 乡 的　客， 唐 诗 里 有　苦， 唐 诗 里 有　乐，

2 2 6 | 123 2 | 23 567 | 6 - |
唐 诗 像 清　泉 流 进 我 心 窝。
唐 诗 是 祖　先 在 向 我 诉 说。

6·7 | 1 - | 6·7 16 | 5 56 3 |
啊 啊 唐 诗 唐 诗 传 家 宝，

（此时可背诵唐诗衬托）

2 2 21 256 | 3 - | 6·7 16 | 5 56 3 |
一 代 一 代 传 到 我， 文 明 古 国 绚 丽 的 花。

5 56 3 | 5553 566 | 7·5 6 | 6 - :‖
绚 丽 的 花。 世 界 文 坛 灿 烂 的 星　座。

5 6·6 | 7·5 | 6 - | 6 0 ‖
灿 烂 的 星　座。

我接连放了三遍，他们都能小声跟着哼唱了，其实这首歌更适合三年级以上的孩子演唱，因为有好几处是一字多音符，想表达那种悠扬的古韵，所以一年级的孩子学唱起来有一定的难度。我用听唱法又教了三遍。

"枫桥的钟声巴山的雨，边塞的战士异乡的客，唐诗里有苦，唐诗里有乐……"这些用唐诗串成的歌词有着独特的韵味，让人痴迷，让人陶醉。

大半节课后，孩子们终于能跟着伴奏演唱了。我很开心，自己的歌曲能被孩子们演唱，很有一种成就感。学唱老师自己写的歌，也让孩子们觉得新鲜、有趣。

"孩子们，我们祖国的唐诗宋词就如一棵枝繁叶茂的大树，上面结满了繁花硕果。我们一定要多吟诵这些经典诗文，做个有根的少年君子。你们要多背诵唐诗，以后课间的时候我们再来继续 PK，好吗？"

"好！"

我喜欢这样洋溢着生命温暖的课堂。

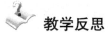 **教学反思**

孩子们喜欢有才艺的老师。老师如果写得一手好字，孩子们就特别喜欢模仿，同样，老师自己创作的歌，孩子们也会更喜欢，学唱的兴趣也会更高。

孩子对老师的感情，直接影响着他对这位老师所教学科的喜好。"亲其师，信其道"，学生喜欢你这个人，就会喜欢听你的课，喜欢学你教的这一科，相应的，这一科的学习成绩就好。反之亦然。

因此，老师需要加强自身修养，适时地露一手，以自身的才艺赢得孩子的喜欢，进而影响孩子。诚如著名特级教师于永正老师所言：本事越大，师德越高尚，赢得学生崇拜的砝码就越有分量。

30

唤醒孩子们的"音乐耳朵"

一年级的小朋友还没有上课的习惯，课堂纪律让我很头疼。上课时，他们一般只有十分钟的安静期。想喝水的、说小话的、要去厕所的、东张西望的，不一而足，就是不能规矩地听课，这时需要老师用教育智慧来想一些金点妙招来吸引他们的注意力，激发他们的学习兴趣。

我告诉孩子们坐好了，我要讲个故事。教室里一下子安静了下来。爱听故事是孩子们的天性，他们一个个闭着小嘴巴，坐得笔直，小眼睛瞪得溜圆。我绘声绘色地讲起来：

> 从前，上帝造出的人都是两张嘴巴、一只耳朵的，其中一张嘴巴用来吃饭，另一张嘴巴用来说话。可是没过多久，上帝发现人们不仅用说话的嘴巴讲话，还用吃饭的嘴巴说话，而且叽里呱啦地说个不停。为此上帝劝说了很多次，但人们依旧说个没完。于是，上帝一怒之下，便封住了那张说话的嘴巴，只给人们留下一张吃饭的嘴巴，同时，又增添了一只耳朵。从此，人就变成了今天这个样子：一张嘴巴、两只耳朵。

讲完故事，我马上话锋一转，对同学们说道："等会儿，大家一起找找看看谁还像原来的人一样，是两张嘴巴、一只耳朵？"孩子们一个个都把小脑袋摇得像拨浪鼓。趁热打铁，我接着给孩子们倡议："既然大家都是两只耳朵，那么我们就展开比赛，比比谁的耳朵听得好，谁就拥有一双

音乐的耳朵!"

接下来孩子的纪律好多了,但也只能坚持几分钟,我需要不断地用语言提醒:谁有两张嘴巴、一只耳朵呀?谁的音乐小耳朵最灵?同时我的眼睛会扫过那几个淘气包。还真有效果,孩子们心里知道老师在提醒自己呢。

每节课的最后小结部分,我都要表扬上课最认真的孩子,并在音乐评价表上为他们画上一枚小星星。期末的时候如果能得到十八枚星星,就能被评为音乐耳朵最灵敏的小音乐家。

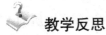 **教学反思**

培养孩子学会聆听非常重要。因为只有孩子们认真聆听老师讲课,小伙伴之间相互认真聆听,互相尊重,才能架起彼此心灵的桥梁。音乐老师尤其要注重培养孩子倾听的习惯和能力,唤醒他们的音乐耳朵。

聆听音乐时,我对孩子的要求是:用耳朵细心聆听,不许用嘴,但可以用一些小动作或表情来表现你听到的内容,直至听完后才能进行交流。我认为只有在这样的规定下,学生聆听到的音乐才是完整的,才能充分感受音乐内容的丰富变化。但这样看似简单的规定,真正实施起来还是需要教师不断重复、不断提醒,学生才能做到。

对小学生来说,他们天性活泼好动,注意力保持时间短,让他们坐得很端正,安静地聆听音乐,短小的曲子还行,如果曲子较长,就很难让他们做到长时间保持安静地聆听。所以,我在课堂上,特别是在欣赏音乐时,对坐姿的要求就降低了,只要孩子沉下心投入地聆听音乐,他们甚至可以趴在桌子上、闭着眼睛聆听。当小学生在比较放松的状态下聆听音乐时,虽然开始时他们会有一点注意力分散,但渐渐地,基本能做到比较安静地聆听音乐,即使是较长的音乐作品。

一个良好习惯的养成是需要训练的。小学生的自控能力差,反复性大，因此，良好行为习惯的养成必须经过长期的严格训练，才能得以巩固和强化。作为教师，我们要有耐心，不要吝惜花在培养习惯上的时间。俗话说得好：磨刀不误砍柴工。

佛语道"静能生慧，慧能生智"。孩子需要从小培养他们安静地聆听音乐，让心沉静下来，这样心门才能打开，智慧才能生成。

第三辑

润物无声育桃李——德育渗透

$\mathcal{31}$

给孩子一个暖暖的拥抱

新学期第一堂音乐课，送个什么新年礼物给孩子们呢？

前一天威海遭遇了特强风暴潮袭击，狂风呼啸，天上还不时飘着雪花。开学第一天竟成了新年以来最冷的一天，学校的暖气也不合时宜地坏了，坐在办公室里似乎仍能感到冷风的肆虐。

在走廊里，孩子们都围着我，热情地打着招呼，"老师新年好！""新年快乐！"一个月不见，他们都长高了，穿着崭新的衣服，扬着灿烂的笑脸。

上课铃声响了，我告诉孩子们今天要送一个新年礼物给他们，孩子们都很兴奋地在猜测着，"糖果？""一首歌？"……

我微笑着摇摇头，告诉他们，我要送他们每人一个拥抱。

教室里顿时沸腾起来。有的女孩两眼放光，似乎马上想得到我的拥抱；有的女孩则羞涩地抿着小嘴巴，"最是那一低头的温柔"，不胜娇羞的样子；有的小男孩连连摆手，"老师，免了吧"；还有的男孩竟然如小姑娘一样涨红了脸。

唐萌早就张开了双臂，她紧紧抱着我，小鸟依人样在我耳边呢喃："老师，你是第一个拥抱我的老师，我永远忘不了。"而她的同桌竟然害羞地躲到桌子下，我张开怀抱，蹲下身子拥抱这个可爱的小男孩，孩子羞涩地笑了，也是一脸的阳光。树峰拥抱我时告诉我，他寒假里很想我，想给我打电话，可又不知道号码，说着还在我胸前贴了一个可爱的卡通兔，说是送给我的礼物。坐在后排的那个最淘气的小男孩和我紧紧地拥抱着，我悄悄告诉他，希望新学期他能表现得更出色，孩子很坚定地点着头。我听见他自豪地告诉同桌："老师拥抱我的时间最长！"

那个穿着草绿色羽绒服的小姑娘很拘谨地坐着，一看就知道是新转学来的孩子，我微笑着拥抱她，欢迎她来我们学校上学。孩子告诉我她是随当军人的爸爸从乳山调到威海的，我一听，就很开心地告诉她我也是乳山人呢，小姑娘红通通的脸上笑意更灿烂了。胖乎乎的意敏热情地回应着我的拥抱，还送我一个甜甜的吻，告诉我："老师，你拥抱我的感觉像我妈妈！"我的心里一热，也在孩子光洁的额头上留下一个吻。

我和孩子们在彼此的拥抱中互相温暖，教室里一股股暖流在涌动，春意盎然，我似乎看见一朵朵心花在怒放。

教学反思

每学期的第一堂课我都精心准备，或是给孩子分享一个经典小故事，或是准备一个小礼物，用这样的方式来开启新学期的征程。这个学期的第一堂课我选择把一个暖暖的拥抱作为新年礼物送给孩子们，希望他们由此喜欢我，喜欢音乐课，喜欢学校。

送孩子一个拥抱，这样的礼物适合小学低年级的孩子，高年级的孩子会很羞涩，不习惯这么外露地表达自己的感情，送他们新学期的礼物我觉得还是哲理故事比较好，言简意丰，耐人寻味，比如《犟龟》《小种子》等。或者可以让孩子们复习上学期学过的歌曲，温故知新，还可以强调课堂常规，根据班级情况，让孩子们说说自己喜欢怎样的音乐课，由他们自己定出课堂常规。

现在每年9月，央视都有《开学第一课》节目，我们要充分利用这个资源。音乐课可以选唱《开学第一课》节目的主题曲。寒假过后的第一课，当然可以选用央视春节联欢晚会上的儿童歌曲，孩子们一定非常喜欢。

32

"小事故"巧变"小故事"

晚饭后，我在备课。儿子兴冲冲地告诉我，日记写完了，就忙着去看动画片了。

好奇心促使我拿起儿子的日记本，看看孩子写的是什么。

今天，我发现老师在黑板上写错了一个字，就和同桌悄悄说："错了，错了！"老师转过身盯着我们俩，我很害怕，站起来说："老师，这个字你写错了。"我想老师一定会很不高兴。但老师看了看黑板，笑着说："对不起，是老师写错了。谢谢你！以后发现有错的地方，就大胆地说出来。"老师你真好！

看着儿子的日记，我想孩子对老师的言行其实有自己的判断，但为人师表的我们过于严厉，让孩子们渐渐学会了盲从。三年级的孩子也许是初生牛犊不怕虎，到了高年级他还敢这样直白地说老师错了吗？

我心里想着儿子的日记，一边画着投影片。做完后才发现，渐弱记号方向画反了，画成了渐强记号，本想重新画一张，但灵机一动，何不将这次"小事故"变成"小故事"呢？

第二天上课前我告诉孩子们，今天的"聪明帽"① 我将发给仔细、用心、大胆发言的孩子。

---

① 送上一顶"聪明帽"，是我在课堂上的评价语言，借以鼓励孩子积极思考。——作者注

孩子们都很积极地演唱，大胆地表演，但对于我画错的投影片竟没有一个孩子站起来指正，我心里暗暗着急，只得说："同学们，你们再仔细看看这张投影片，这里面还藏着一顶'聪明帽'呢。"孩子们睁大了眼睛，一个小姑娘站起来怯怯地说："好像老师把渐弱记号画反了。"

我笑着说："是'好像'吗?"孩子们唧唧喳喳，有几个孩子大声说"是画反了"。我借用儿子日记里的话，真诚地对孩子们说："是老师画错了，谢谢!以后发现有错的地方，就大胆地说出来。"之后，我送给她音乐课上的最高奖赏——一支《棒棒歌》。

这时又有一个孩子站起来："老师，我发现这首歌第九小节少了一拍。"太好了，又一顶"聪明帽"被送了出去。

更令我高兴的是，还有一个孩子说她对这首日本歌曲的歌词有不同意见。《鹰》是一首在日本家喻户晓的歌曲，表现了雄鹰的坚毅。歌词说雄鹰飞在蓝天里，但如果天空阴云密布，雄鹰在翱翔岂不是更美?太棒了!我为这个孩子奇妙的想法带头鼓起掌来，课堂的气氛活跃而愉快。

教学反思

朱熹说，"学贵善疑，大疑则大悟，小疑则小悟，不疑则不悟"。教师在课堂上故意做错误的讲解和示范可以打破学生对教师的盲从，打破学生对教师的迷信，培养学生的求异思维。教师要善于设疑激趣，使学生带着浓厚的情趣去探究，进而使其潜在的创造力迸发出来。

当然，教师故意做错误的讲解和示范要做得巧妙，不留痕迹，否则，学生会怀疑教师的真诚。

33

"我想唱歌可不敢唱"

每年的 5 月中旬，是我们学校举行校园卡拉 OK 大赛的日子。这几天我忙着帮班主任选曲目、定歌手，紧锣密鼓地进行赛前的辅导。有一个老师找到我，她想推荐自己的儿子来参加，让我帮忙找首歌。那是一个很聪明很淘气的小男孩，用"聪明的一休"来形容他再恰当不过了，但他上音乐课从不主动起来唱歌。集体演唱时，我分明听见他的歌声非常好听，因此我让他站起来唱，他扭捏着站起来，却怎么也张不开嘴，后来都快哭了，也没有唱。

课后我曾想找他妈妈交流一下，但因为杂事多给耽误了。这次终于有机会和她交流一下孩子的事了。她告诉我孩子在家里特别喜欢唱歌，就是怯于登台。因为在一年级的时候他曾代表班级上台朗诵诗歌，评委就在台下坐着，因为是同事的孩子上场，大家看他一本正经的小样子很可爱，都在笑。有同事还说："你看这孩子走路的样子真好玩。"孩子的小脸刷地变得很红，回家后他跟妈妈说："你们都在笑话我，我当时真的想哭。我以后再也不上台了。"以后学校举行各种活动，只要是需要登台的他绝对不参加。看来孩子对登台有了一个心理上的障碍。所以他妈妈想借这次机会帮孩子把自信找回来。我帮孩子选了一首《卖报歌》，并在音乐室给他单独排练了一节课，他的音色很独特，在童真中又有很圆润的感觉，很有一点小小男子汉的味道。

"老师，为什么妈妈要我上台演唱呀？"

"我喜欢唱歌，可我不喜欢上台！"

只要是唱歌的间隙，他就跟我软磨硬泡。

"孩子你很棒的！相信自己，你能行！"我总是给他鼓励。

比赛的这天早晨，同事跟我说孩子又变卦了，不想上台了，让我再关照一下。

课间操的时候我找到他，又是一番鼓励，孩子很懂事地点点头。中午就要比赛了，我看见坐在选手席上的他出去了，一直没有回来。等别的孩子都快演唱完了，班主任领着他回来了，孩子的小脸通红，眼里有泪花在闪。我看见班主任俯在他耳边轻声细语地说着什么。

孩子茫然地抬眼望向四周，突然看到我，他像一只无助的小鹿用求助的目光看着我。远远的，我用微笑和跷起的大拇指鼓励着他，孩子迈着仿佛千斤重的步子慢慢走到了前台，拿起了话筒。音乐响了，孩子的表情慢慢自然了。唱到最后，我觉得他又找到在台下演唱的感觉了。

听着热烈的掌声，孩子朝台下深深鞠了一躬。抬起头他笑了，笑颜如花。孩子，你终于勇敢地迈过了这道坎。

教学反思

孩子的心灵很纯真，也许我们的一句话、一个动作，甚至是一个眼神，都会有意无意地给孩子造成心灵的戕害。所以，为人师者的我们需要时时谨慎小心，真的要像"对待荷叶上的露珠一样，小心翼翼地呵护孩子幼小的心灵"。晶莹剔透的露珠是美丽可爱的，却又是十分脆弱的，对于孩子，我们的信任可能会创造出一个教育奇迹，但如果不信任呢？不夸张地说，那将可能毁了孩子的一生！

34

国歌，唱起来！

今天这节音乐课是欣赏国歌，孩子们从一年级开始每学期都要欣赏不同演唱风格的国歌。怎样上好这节看似都没有新意的课呢？孩子们都喜欢听故事，那就从故事开始吧。

"同学们，你们知道我国最早的国歌吗？老师给大家讲一个鲜为人知的关于国歌的故事吧！"一番铺垫，我的故事开场了：

20世纪初，一批留学法国的学生，不远万里来到法国求学，举目无亲。一次周末活动，学校要求各国留学生演唱自己国家的国歌。当轮到中国留学生演唱时，同学们面面相觑，低头不语。一些留学生就用蔑视的眼光看着中国的学生，有的还怀着敌意说："他们是一群孤儿、乞丐，没有国家……"就在此刻，一个女同学信步走上台，深情地演唱起江苏民歌《茉莉花》。她唱得委婉动听，全场爆发出雷鸣般的掌声。外国学生都被这优美的歌声折服了，说这是最优美、最动听的国歌。

国歌是国家的象征。这个女同学急中生智，维护了国家的尊严，维护了中国人的自尊。

接着，我又讲了一个外国人与中国国歌的故事：

丁大卫是美国人，中央电视台《实话实说》节目组邀请了他。5年前，美国青年丁大卫来到中国。他到了中国一所普通的郊区小学教

学。这个美国青年深得师生的喜爱，后来居然当上了校长。大概是
1998 年底，想到中国西部去看一看的丁大卫到了甘肃兰州。他到西北
民族学院应聘当大学教师。

编导在做这一期节目时，让丁大卫带来了他所有的家当：一只还
不如我们平常旅游背包那么大却"内容"丰富的帆布袋。而让我们怎
么也想不到的是，这便是一个美国青年在中国生活 5 年积累下的所有
家当。主持人让丁大卫向大家展示一下他的家当：一顶大卫家乡足球
队的队帽、一本相册、饭盆、口杯、牙刷、剃须刀等生活必需品，但
更令观众惊讶的是，大卫竟然随身带着一面鲜艳的五星红旗！

当美国青年丁大卫将一面中国国旗打开，向现场的观众展示时，偌
大的演播厅里鸦雀无声，现场乐队深情地奏响了《我的祖国》的旋律。

主持人问大卫：你怎么会时时将五星红旗带在身边？

丁大卫说：我时时带着它，就是为了提醒自己，我现在是在中
国，我要多说美丽的中文，有人到我房间里来，看着墙上挂着的五星
红旗，也会缩小我们之间的差距。再说，看到这面国旗，我就会告诫
自己：你现在是一位中国教师，你要多为中国教书育人。

孩子们听得很认真，脸上流露出敬佩之情。最后我又讲了一个发生在
我们身边的小故事：

那是开学第一周的早晨。举行升旗仪式时，一对中年夫妻带着孩
子来到教导处门口，一看服饰、一听语言就知道是从韩国来的留学
生。他们笔直地站在那里和我们一起向冉冉升起的国旗行注目礼！我
的心里忽然有了一份感动。一个韩国人都这么尊重我们的国旗、国
歌，更何况我们——祖国的儿女呢？

之后，我对孩子们说："下面我们就来演唱我们的国歌。"
孩子们听得很投入，一个个小脸上是少有的庄重和认真。听着国歌的

前奏，孩子们全都笔直地站了起来，我们一起动情地演唱了起来："起来，不愿意做奴隶的人们，用我们的血肉筑成我们新的长城……"

孩子们唱得激情满怀，一节生动的爱国主义教育课就在歌声中结束了。

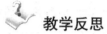 **教学反思**

对《中华人民共和国国歌》每个中国人都耳熟能详。每学期的音乐教材都要求欣赏不同演奏形式的国歌。在备课时，我就留心多方查找资料，充分挖掘国歌背后的故事，因为爱听故事是孩子的天性。在故事里，孩子们认识世界，汲取精神食粮。通过讲解国歌背后的故事，能让孩子了解国歌的历史，加深对祖国的热爱。

35

"不要让心里的花儿谢了"

今天从《中国教育报》上看到一则新闻：

> 6月29日晚，已经在全世界各地办了200多场音乐会的法国著名音乐家布菲在南京艺术学院音乐厅演出，而台下的孩子上蹿下跳，大呼小叫，手机铃声、说话声此起彼伏。布菲教授面对这样不礼貌的举止，情绪激动，她的眼眶里盈满了泪水，无法继续演出，离开舞台到后台调整情绪。在后台，优雅的布菲教授百思不得其解，郁闷地流下了伤心的眼泪。

看了这则新闻，我心里百感交集。下节课是一（2）班的课，也是我给孩子们上的这学年的最后一课，我准备就从这则新闻说起。

听我讲完这则新闻，教室里静悄悄的，孩子们的脸色凝重，有的还眉头紧皱。我的问题适时抛出："孩子们，听了这个故事，你能说说自己的感受吗？"

"听音乐会时做小动作，影响钢琴家的演奏，这是非常不礼貌的！"胖胖的"小博士"子浩瞪着小眼睛认真地说道。

"南京的那些孩子太糗了，太没有礼貌了！都把音乐家气哭了！真丢人！"快言快语的梦璐很生气地说道，好像那些听音乐会的孩子就站在她面前一样。

聪慧的天爱更是语出惊人："不尊重别人就等于不尊重自己！"

戴着小眼镜的明哲把小手高高举起，他上课一向很安静，不喜欢发言，我欣喜地请他发言，他慢慢站起来，连说带比画："弹钢琴的人心里都有一朵花，那些小朋友在说话，她很伤心地哭了，所以心里的花儿就谢了！"听着孩子这诗意的语言，我都陶醉了。

文静的之焓发言最积极，终于轮到她说了："听了老师的故事我就想，如果换作是台下打闹的那些小朋友上台演奏，别人在台下乱糟糟的，他的心里是不是也很别扭？"

听完一个个孩子独特的感受，我提出第二个问题："同学们，如果今天晚上爸爸妈妈带你去梦海剧场欣赏音乐会，你会怎么做呢？"

"我会换上漂亮的衣服，带上一些吃的，和爸爸妈妈一起去！"爱跳舞的铭汶抢先说。我笑着告诉她："穿漂亮的衣服参加音乐会是对别人的尊重，但不能带吃的，吃东西的声音也能影响别人，你说呢？"小姑娘吐了下舌头，点点头，坐下了。

"如果我去听的话，我一定不会让演奏家心里的花儿谢了！"明哲的话还是那么诗意。我赞许地点点头。

可爱的佳藤歪着小脑袋说："我如果去听音乐会，要细心听，一定有礼貌！"

"我去听音乐会，一定要管住自己的嘴巴，如果爸爸妈妈说话，我也要提醒他们！"机灵的然铎说完就捂住自己的嘴巴，真是一个可爱的小淘气！

听完孩子的发言，我很激动。"孩子们，想听听我的感受吗？"孩子们都认真地点着头。

"看了这则新闻，我感到非常惭愧！我真诚地向布菲教授道歉。第一，作为一名中国人，因为同胞的不文明、不礼貌而影响了中国文明古国的形象，我要向布菲教授道歉。第二，作为一个家长，我也想向布菲教授道歉，因为家长对孩子放任自流，并且自己没有为孩子做出榜样，打手机、说话，才让顽皮的孩子更肆无忌惮地大呼小叫。第三，作为一个小学音乐教师，我更是羞愧难当，这些孩子的音乐素养实在太低，培养孩子的音乐素养，功在平时，也是音乐教师的责任，因此，我要向布菲教授道歉!"

教学反思

童言无忌，孩子们是天生的诗人，他们的话引起我深深的反思。音乐素养的提高不是一蹴而就的，需要我们在音乐课上和课外多欣赏经典的音乐作品。我们要做生活的有心人，时时处处对孩子进行德育渗透，用心呵护他们心灵的成长。

<h1 style="text-align:center">36</h1>

<h1 style="text-align:center">玩七星瓢虫的孩子</h1>

今天上课，我发现有个孩子趴在桌子上偷偷玩东西，走过去一看原来是在玩小瓢虫，他津津有味地看着小瓢虫在手上爬来爬去，竟然没有发现我站在他面前。我摸了摸他的脑袋，他抬起头，伸了伸舌头，做个鬼脸，急忙把小虫放进铅笔盒里。

"就这么好玩吗？"

"老师，可好玩了。我们班好多同学都捉着玩呢。"小家伙很会察言观色，看我微笑的样子他也没有了刚才的恐慌。

旁边的孩子一听说瓢虫，唧唧喳喳都说了起来。

"老师，看我这里有好多呢！"一个小男孩炫耀地晃动着手中的自动笔。天哪！自动笔的笔管里有长长的一串，起码有七八只小瓢虫。

"你们为什么要捉瓢虫？你们不知道七星瓢虫是益虫吗？"

"知道呀！一个七星瓢虫一天能吃一百多只蚜虫呢。"

原来这些小宝贝是什么都知道呀。看来我不能给他们阳光了，给了点阳光他们就灿烂。

"谁带头捉的？在哪里捉的？"我的口气有些不快了。

"我，是我……"没有想到一个小姑娘站了起来。她满脸通红，小声回答。

"为什么捉瓢虫？"

"我家养的一盆花上长满了蚜虫，我就在学校旁边的草坪上捉了一些瓢虫回家。后来蚜虫没有了，我就把瓢虫拿到学校，分给他们玩。"听了小姑娘的解释，我真的是又好气又好笑。

"知道用瓢虫来消灭蚜虫，这主意不错。但你想想，你把瓢虫带进课堂，影响了同学们的学习，而且又不卫生。这样做对吗？"我的口气舒缓了，又有了笑意。

小姑娘不好意思地摇了摇头。

"七星瓢虫都不能去捉蚜虫了，我看你们是在保护蚜虫，蚜虫都在偷着乐，感谢你们呢。"我的话引来孩子们的一阵笑声。

"今天我要给这两个同学一个惩罚。"我故意把话说得严厉一点。玩虫子的男孩和带头捉虫子的女孩都低下了头，教室里也鸦雀无声了。

"回家上网查找有关七星瓢虫的详细资料，做一份爱护益虫的调查报告。后天交给我，好吗？"

两个孩子很认真地点了点头。小男孩还冲我笑了笑，小姑娘也如释重负，舒了一口气。

"孩子们，这些七星瓢虫你们准备怎么处置呀？"

"下课后，把它们放回到草坪上。"几乎是异口同声的回答。

回到办公室，我把这件事讲给同事们听，他们说现在好多孩子都在玩七星瓢虫，看来还真的形成一股"玩虫热"了。这件事有必要跟大队辅导员沟通一下，在学校的电视台上做一期爱护益虫的节目。建议辅导员不妨就邀请那两个孩子，还要带上他们的调查报告。

教学反思

看电视节目《音乐人生》访谈著名作曲家黄安伦，他说起自己小时候不好好练琴，钢琴老师给了他一个美丽的惩罚，罚他坐在那里听了三个小时的音乐名曲，结果他听得如痴如醉，从此迷上了音乐。

批评和惩罚也可以是甜的，犹如加了糖的咖啡，能让人乐于接受，从而达到事半功倍的教育效果。

在日常的教育教学工作中，在对待犯错误的孩子时，我们要呵护孩子的自尊心，可以试试"甜甜的"批评，比如一个提醒的手势，一个温馨的眼神，一点关爱的微笑，一种幽默的言辞，一段婉转的对话，那么孩子肯定能感受到我们的关爱，也会让我们收到意想不到的效果。

37

留给我!

　　歌曲《留给我》，曲风清新自然，旋律优美流畅。第一乐段旋律舒展、节奏规整。第二乐段是第一乐段的发展，节奏变得紧凑，旋律变得激昂，表达了人们对绿色世界的美好向往。

　　教学这首歌曲，在导入部分我选择了经典的环保歌曲 Flash《月牙泉》，美轮美奂的画面配上那英独特的演唱："就在天的那边很远很远有美丽的月牙泉，它是天的镜子，沙漠的眼，星星沐浴的乐园……"画面上还有一段引人深思的话：

　　　　因为过量开采地下水，美丽神奇的绝世奇观月牙泉正面临干涸，也许我们真的只能把月牙泉仅仅留在教科书上了。但我们将如何面对脚下这片繁衍生息的土地，又将如何面对我们子孙后代质疑的双目？

　　当我饱含激情地朗诵完这段文字，我忍不住哽咽了。这是 2001 年的作品，那时月牙泉就只有 18 厘米的水位，若不加以维护，现在可能真的就仅剩一线了。"孩子们，请你记住月牙泉，请你记住它的美丽和神奇。当有一天它离开我们的时候，你可以告诉身边的人们：是我们人类亲手掩埋了这历经千年未被狂沙掩埋的月牙泉，这是对我们家园的践踏，这是对我们子孙后代的犯罪……"

　　教室里静悄悄的，孩子们都睁着小眼睛，竖着小耳朵在听，都为月牙泉的美丽神奇而惊叹。当听到月牙泉就要消失，我看见一张张小脸上的表

情是那么凝重。美好的东西就因为我们不爱护而最终消失，孩子也一定会感受到痛心和遗憾。这种感知情境的反差深深震撼了他们的心灵，唤起他们强烈的环保意识，激发起他们自觉保护环境的愿望。

我接着说："同学们，地球不是你的，也不是我的，而是我们从后代手里借来的。他们渴望什么，希望我们为他们留下什么？今天我们就一起来学唱一首优美的歌曲《留给我》。"

歌曲的旋律清新悠扬，随琴演唱几遍，孩子们就唱得很流畅了。

接下来的课堂延伸就很有意思了，同学们你一言我一语地讨论要怎么节约用水，怎么爱护环境。有个韩国孩子更有意思，他站起来说："老师，我刚来中国10年，月牙泉消失没有我的责任吧。"我笑着告诉他欢迎他来中国，中国也是他的第二故乡。老师没有说月牙泉是哪一个人破坏的。只要我们都从自己做起，从小事做起，就会避免如月牙泉一样的大自然景观继续消失。我们要把美丽的大自然留给我们的子孙后代。那个韩国孩子点了点头，羞涩地坐下了。

最后，我播放了学生社团的同学们编排的环保小品《地球妈妈生病了》。三个孩子用传神的表演呼吁同学们都来爱护环境，让地球妈妈不再生病，而且变得越来越美丽。这一小品更加强了孩子们的环保意识。

教学反思

孩子们在交流资料、学唱歌曲、欣赏小品的过程中，已深深地领悟到珍爱我们赖以生存的家园——地球——的重要性。

环保歌曲的学唱一定要结合时事来进行。比如2009年我教唱这首歌时，导入部分就是播放我国摄影家卢广获得尤金·史密斯人道主义摄影奖的《关注中国污染》的十三张照片。摄影家从2005年开始，以纪实摄影的风格，用镜头记录了被严重破坏和严重污染的环境。画面很有冲击力，深深地打动了每一个学生的心。

音乐教育不同于政治报告、哲学演讲，它的教育形式是具体的、直接的，并能达到灵魂的陶醉，精神的愉悦，美感的享受。因此我们可以寓环境保护教育于音乐欣赏与学习之中，用音乐的"灵魂""流动的诗"去打动、影响和教育学生。

38

音乐课的小插曲

早晨走进教学楼，一抬眼就看见《今日提醒》板上两行醒目的话语："亲爱的同学们，今天是国际盲人节，你知道吗？一个关切的眼神、一句亲切的问候、一双援助的小手足以使暗夜的微光重燃！"心里一热，好温馨的话语，德育处的工作做得就是这么细致到位。

这节音乐课，新歌教学后的编创活动我准备留作课后作业，余下的时间我要教孩子们一首歌。

"孩子们，你们唱得非常棒！现在我们轻松一会儿，老师给你们背一首童谣好吗？这是一个儿童诗歌大赛的获奖作品，虽然只有短短的四行，却获得了特等奖。大家听听——"

摘星星

天上星，亮晶晶

我要把它摘下来

送给盲童当眼睛

我一边背诵，一边把诗歌抄在黑板上，孩子们也大声读着。

有一个孩子站起来问我："老师，今天是国际盲人节，所以你要教我们这首诗歌，是吧？"我笑了笑，点了点头。他更神气了，"我早晨看见《今日提醒》上的提示了。"

现在的孩子反应真快，我先表扬了这个孩子，然后说："孩子们，这首诗歌还被谱上了曲。"

我轻声唱了起来："天上星，亮晶晶，我要把它摘下来，送给盲童当眼睛，我要把它摘下来，送给盲童当眼睛……"孩子们学唱两三遍就学会了。我接着问他们："听了这首歌，你心里怎么想？"

有的孩子说："盲童真可怜，他们看不到光明，看不到美丽的世界，看不到五颜六色的花儿，我希望他们健康，一天比一天过得好。"

"老师，我如果能发明一种纳米机器人就好了，安装在盲人的眼睛里，让他们能看见光明。"孩子的心地纯真善良，我也祈祷科学家们能早一天找到治疗眼疾的良方，还盲人一双明亮的眼睛。

"老师，我觉得我们应该保护我们的眼睛，不要等坏了再后悔。"一个孩子终于说出了我一直想说的话。

其实，今天我带他们学唱这首歌，有两个目的：一是唤起他们对盲人的爱心，二就是想唤起那些敷衍做眼保健操的孩子的注意，让他们自觉做好眼保健操。我接着这孩子的话题延伸开去，说了眼保健卫生的必要性，还现身说法地说了自己戴眼镜的苦恼，孩子们都懂事地点了点头。

教学反思

学校无小事，时时、事事、处处都有育人的机会。在有心者眼里，随时都能发现生活中有价值的东西，可以用来服务于教育教学。教师要做有心人，善于抓住一些新闻点，这种有时效性的新闻对孩子更有教育意义。

39

也当一回不遵守纪律的"学生"

因为最近学习了几首歌唱亲情的歌曲，课余我就让孩子们搜集有关歌唱妈妈的歌曲。今天的音乐课我想开一个"唱给妈妈的歌"演唱会，我自己也做了充分的准备，文件夹里有十余首歌唱妈妈的主题歌曲。

我迈着轻快的步伐走进教室，拿起粉笔，写下了一行大字：绿叶对根的情意——"唱给妈妈的歌"演唱会。教室里唧唧喳喳，有孩子在窃窃私语。我抬高音调继续说，"妈妈把春风轻轻吹，把雨露轻轻洒，在蓝蓝的天空下，我们就如盛开着的朵朵美丽鲜花。今天我们就用深情的歌声来赞美妈妈。好吗?"下面还有孩子在说话，我有些恼了，先问孩子们谁想来主持这个演唱会? 他们很感兴趣，下面小手如林，最后我选了一个腼腆的小姑娘，今天她能举手，我当然愿意把机会给她。我又把那个正在和同桌说着什么开心话的"小淘气"请了起来。

"来，你来当老师，主持这节课的纪律。今天我当学生。"小男孩眨眨眼睛，不知道我葫芦里卖的什么药，迟疑地站了起来。我用热情的目光和手势请他走上讲台，我则快步走到他的位置上坐了下来。

"来，咱们一起听耿老师讲课，我现在是王艳芳同学。"孩子们都笑了，台上的小男孩挠了挠头。

"我——我请苗淼来主持演唱会吧。"他终于开口讲话了，没有了台下的机灵劲儿。

小主持先请大家一起演唱了《妈妈的心》，我和孩子们一起声情并茂地演唱完这首歌后，我开始和同桌大声地说话，问她昨天晚上做什么了。

同桌的小姑娘很疑惑，一头雾水的样子。她一定在想："王老师今天怎么了？"但她还是很老实地告诉我，她昨天晚上写完作业后，和妈妈一起到新开张的大福源超市逛了一圈。

"哈哈！大福源就在我家旁边，那里面的东西物美价廉。"

我兴致勃勃地跟她说着话，还偷眼看看台上无可奈何的"小老师"。下面的孩子一看老师带头说话，更来劲了，说话声又大了起来，把那个独唱的小姑娘的声音都淹没了。

好了，我的戏演到这里，该收场了。我从座位上站了起来，走到台前，问"小老师"感觉如何。小男孩很沮丧地说："很难受，看见你和同学们都在下面说话，我站在上面真的觉得很难受。"我笑了，对着全班同学说："孩子们，耿豪现在的感受和王老师刚才站在台上的感受一样。你们在下面说话，我站在台上，也觉得非常难受，因为你们不尊重我。还有谁想上来试一下？"

我用眼睛的余光特别扫了一下那几个淘气包。他们有的伸了伸舌头，有的耸了耸肩头，他们明白我的意思。

接下来的演唱会纪律非常好，会唱的歌曲，孩子们跟着一起唱，别人独唱时下面说小话的几乎没有了。哈哈！这一招还很灵，和孩子换位思考，让他们知道老师的真实感受，他就很自然地体会到尊重别人的重要性，效果不错，比那些空洞的说教好多了。

教学反思

我经常思考：如何提高教育的有效性？如何把德育知识内化为孩子的道德观念，并落实到孩子的生活和实践中？我想一个很有效的思路就是体验。我引领孩子在一个小小的实践活动中，体验到了并学会了如何尊重别人。教师要时时站在学生的角度去思考，教育才更能为学生接受。

40

学会为别人鼓掌

上课时我让孩子们展示"我眼里的春天"探索活动的作业，然后编创"我喜欢的春天"的音乐。一节课孩子们兴致盎然，编创活动异彩纷呈。下课了孩子们还意犹未尽，胖嘟嘟的马牧之跑到我跟前说："王老师，我会用二胡拉赞美春天的曲子！"

"是吗？刚才上课的时候为什么不站起来展示一下呀？"

"我忘了带二胡！"

"老师，别听他的，他总是说话不靠谱。"旁边的一个小姑娘插嘴。

"我就是忘了嘛！我还会吹葫芦丝呢！"小男孩的脸涨红了，辩解着。旁边的几个小女孩也嘲笑他，我听着孩子们议论的声音，心里暗想：看来马牧之的"群众关系"不太好。再看着他那委屈的样子，我心里有了个主意，我拍拍小男孩的头，对他说：

"好孩子，你太棒了！下节音乐课最后留 10 分钟给你，让你开一个独奏音乐会，好吗？"马牧之笑了，使劲点了点头。有的小姑娘竟然撇了撇小嘴巴，她们不相信这个孩子。我觉得更有必要帮小男孩找到自尊了。

他们班第二节课在周五，还有三天的时间。课余我在走廊看见马牧之，都会问他准备得怎么样了，准备拉哪几首曲子，其实我也是在提醒他不要忘了带乐器。

周五那天，站在音乐室的窗边，我远远地看见马牧之抱着一个绿色的大琴盒在他们班的队伍里很显眼。我暗暗松了一口气。

上完课，还剩下 15 分钟的时间。马牧之用急切的眼神看着我，我笑着朝他点了点头，接着对孩子们说："马牧之个人演奏会现在开始！"我带头鼓掌，但孩子们的掌声不是太热烈。

马牧之拿出二胡，"吱吱呀呀"在调音，煞有介事的样子。

"老师，你帮我弹 a。"我赶快用电子钢琴弹着标准音。

"好了，谢谢老师！"孩子开心地说道。

"请听《春天在跳舞》。"我自告奋勇做了主持人。

马牧之开始拉了起来，推弓、拉弓还有些不稳，胖乎乎的小手对抖弓、跳弓的运用还不娴熟，虽然这个曲子我不熟悉，但我能听出来孩子拉的旋律有些生涩。

这时，有些孩子坐不住了，有几个调皮的孩子说："老师，他拉的什么呀，一点儿也不好听。"听到同学们的议论，马牧之的琴声戛然而止，小脸涨得通红，紧张地望着我，在他的目光里有急切的渴望，"孩子们，马牧之需要我们给他拍手伴奏呢。"马牧之笑了，点了点头，于是我带头拍起了节奏。

马牧之再拉《北京有个金太阳》和《赛马》时，琴声流畅多了，我和其他孩子一直给他拍手伴奏，并在结束时送给他热烈的掌声。

"孩子们，首先我要祝贺马牧之的独奏音乐会演出成功！让我们欣赏了美妙的音乐，得到了美的享受。让我们再次用热烈的掌声来表示对他的感谢，好吗？"我话音刚落，教室里便响起了雷鸣般的掌声。

然后，我话锋一转，"我还要表扬那些给他鼓励的同学，在马牧之没发挥出水平的时候，他们没有在下面议论，而是配合着给他伴奏，这是一种多么有礼貌的表现呀。如果你没有那样做，而是在下面议论、指责，我想你并不是有意地这样做，而是不了解在看表演时该怎样做才是有礼貌的，下次你能更有礼貌地对待同学。是吗？"这时，我看到刚才那几个议论的同学惭愧地低下了头，我也看见马牧之扬起自信可爱的小脸。

 **教学反思**

现在的独生子女常常不能正确地对待别人，更不能准确地认识自己。所以，老师要在这方面多下工夫。孟子说过："仁者爱人，有礼者敬人。爱人者，人恒爱之，敬人者，人恒敬之。"心理健康教育是个隐性而又复杂、不容忽视的问题。心理专家认为：随着经济的快速增长，财富成为衡量价值的标志，教育利益化、家庭教育单一化直接导致了90后新生一代心理健康的危机。学校教育该如何关注孩子们的心理健康教育，为童年的飞翔插上翅膀呢？我愿意做一些有益的尝试。

哲人詹姆斯说："人类本质中最殷切的要求是渴望被肯定。"给孩子各种各样表现的机会，但不苛求他表现得多么完美，哪怕他表现得很糟糕，老师也要给予鼓励和肯定。对于那些议论的孩子，我们也需要正确引导，因为教孩子知识固然重要，但首先要教孩子做人，做个心理健康的人。我希望每个孩子不仅能自信地看待自己，还能独具慧眼，懂得欣赏别人，学会为别人鼓掌！

41

做一个仰望星空的孩子

2007 年 5 月 14 日，温家宝总理在同济大学建筑城规学院钟厅向师生们做了一个即席演讲，其中讲道："一个民族有一些关注天空的人，他们才有希望；一个民族只是关心脚下的事情，那是没有未来的。我们的民族是大有希望的民族，我希望同学们经常地仰望天空，学会做人，学会思考，学会知识和技能，做一个关心世界和国家命运的人。"

仰望星空

温家宝

我仰望星空，
它是那样寥廓深邃；
那无穷的真理，
让我苦苦地求索、追随。
我仰望星空，
它是那样庄严而圣洁；
那凛然的正义，
让我充满热爱、感到敬畏。
我仰望星空，
它是那样自由而宁静；

那博大的胸怀，

让我的心灵栖息、依偎。

我仰望星空，

它是那样壮丽而光辉；

那永恒的炽热，

让我心中燃起希望的烈焰、响起春雷。

我在《人民日报》上读到这首诗时，非常激动，没有想到温总理还是一个诗人，诗写得那么富有诗意和哲理。我准备和绿色童谣组的孩子们一起欣赏这首诗。

一上课，我先给孩子们讲了伟大的哲学家柏拉图曾讲过的一个小故事：

古希腊的智者泰勒斯是西方历史上第一个哲学家和科学家。有一天夜里，他专心地观察星星，不小心掉进一个坑里，他的仆人看见后，就嘲笑他："你呀！对星星了如指掌，却看不见自己鼻子下面的小坑。"后来研究星星的泰勒斯成了大哲学家，而那个嘲笑他的仆人还是个仆人。

我的故事一讲完，孩子们都哈哈大笑起来。

"老师，我知道中国古代也有一个喜欢观察星星的孩子。"戴着眼镜的小雨边举手边说道。

"哦？说说看！"我鼓励孩子说下去。

"古代的张衡从小就喜欢观察太阳和星星，天天晚上坐在院子里数星星，后来他还发明了浑天仪。"我带头送给小雨热烈的掌声，心里暗自佩服孩子的知识够丰富。

"孩子们，神秘的星空能给我们无限的遐想。我们一起回忆一下学过哪些关于星星的歌曲和诗歌吧。"

"老师，《一闪一闪亮晶晶》，我们在幼儿园就学过。"子仪的话没说完，孩子们就一起唱起来："一闪一闪亮晶晶，满天都是小星星……"

"天上的星星不说话，地上的孩子想妈妈……"沅君唱起了《鲁冰花》。

"老师，还有《星星点灯》。"子棋说道。是呀！这是郑智化的一首歌曲，多数孩子直摇头，不会唱，我也只能勉强地唱了几句，歌词记不全。

"老师，还有《吉祥三宝》。"小佳惠直拽我的衣襟，我笑着答道，"小家伙，我知道你喜欢这首歌，可没有星星呀！"

"老师，有呀有呀！太阳、月亮和星星是吉祥三宝呢。"小姑娘急切地解释。

"哈哈！对不起，是老师糊涂了！你说对了！"我连忙向小姑娘道歉，佳惠晃着小脑袋很得意地笑了。

水湄唱起那首送给盲童的歌："天上星，亮晶晶，我要把它摘下来，送给盲童当眼睛。"我们也和她一起唱起来，美妙的歌声在音乐室飘荡。

"孩子们，你们知道这么多关于星星的歌曲，太棒了！今天我们要一起欣赏一首诗歌，也是关于星星的。这可是我们的温家宝总理写的呢。"我边说边把打印好的诗歌分发给孩子们。

我们一起朗诵起来，那流畅的诗句，那富有韵律的节奏，由孩子们的口中朗诵出来，格外动听。

因为孩子们还小，我没有细究每句诗的含义，只是要求孩子们集体朗诵四遍，然后背诵下来。

"孩子们，世界上有两样东西充满了我们的心灵，我们越对它进行思考，便越觉得神奇和敬畏——那就是我们头顶的星空和我们内心的道德。这是伟大的思想家康德的名言。今天我们一起背诵了温爷爷的《仰望星空》，老师希望你们如温爷爷要求的那样，做一个仰望天空的孩子，学会做人，学会思考，学会知识和技能，做一个关心世界和国家命运的人。"

教学反思

音乐是人类文化的一种重要形态和载体，对音乐的感悟、表现和创造，是人类基本素质和能力的一种反映，但长期以来人们往往更关注音乐的娱乐性，淡化甚至忽略了音乐的教育价值。

音乐课是实施美育的主要途径之一，而不仅仅是让学生学会几首歌曲。作为音乐教师，对音乐课做适当的延伸是很有必要的。一节好的音乐课能够在孩子的头脑中打下深深的烙印，对孩子的成长有潜移默化的作用。

42

同唱一曲《英雄赞歌》

　　"烽烟滚滚唱英雄，四面青山侧耳听，侧耳听！晴天响雷敲金鼓，大海扬波作和声……"这高昂激越的旋律是《英雄赞歌》，"牛儿还在山坡吃草，放牛的却不知道哪儿去了……"悠扬深情的歌声是《歌唱二小放牛郎》。从小，我从老师的口中、课本上，还有妈妈那里知道了很多英雄的故事，放牛郎王二小、送鸡毛信的小海娃、小英雄雨来、小兵张嘎、共和国最小的烈士小萝卜头……这些小英雄的名字我都耳熟能详，他们的事迹在我幼小的心田里播下了热爱英雄、崇拜英雄的种子，梦想着长大后也要做那样的英雄。

　　今天，我要给孩子上一节欣赏课《嘎子嘎》。备课时，我想起这些小英雄的故事。我想欣赏完《嘎子嘎》后，开个小小的"群英会"，把我崇拜的小英雄的传奇故事讲给孩子们听。

　　一上课，我就给孩子们播放了著名的民俗歌唱家张琳演唱的电视剧《小兵张嘎》的主题曲《八路军拉大栓》，这个 MTV 制作精良，歌唱家的演唱大气磅礴，酣畅淋漓，里面还穿插着《小兵张嘎》里很多经典的镜头。孩子们欣赏着，还跟着演唱起这首他们非常熟悉的歌曲："1937 年哪，鬼子就进了中原，先打开卢沟桥，后打开山海关……"机灵勇敢的嘎子、憨厚可爱的胖墩，这些他们喜欢的人物形象一出现在屏幕上，孩子们就露出满脸的崇敬之情。

　　看完 MTV，我说："听着熟悉的歌声，看着机智的嘎子，你们一定想

107

起了那部经典的电视剧《小兵张嘎》。现在美丽的白洋淀已没有了战场的痕迹，但嘎子和八路军叔叔英勇作战的身影仍然活跃在我们眼前，今天我们就一起欣赏一首赞美嘎子的歌曲《嘎子嘎》。"

孩子们用心听着，感受歌曲的旋律，然后又按节奏读歌词、用打击乐器为歌曲伴奏。

接着我请孩子们点击浏览我精心制作的课件。

当点开王二小的故事时，我为他们演唱了几句《歌唱二小放牛郎》，有几个孩子也跟着唱起来，我们边唱边欣赏二小的故事，大家被深深地感染了。

很多孩子想看看"共和国最小的烈士小萝卜头"，我帮他们点开课件，一个小男孩流利地为大家读着小萝卜头的故事，他们都聚精会神地听着……

教学反思

自古英雄出少年。抗日战争和解放战争时期，中华民族涌现了一大批少年英雄。他们的传奇事迹经过艺术家们的演绎，成了经典的歌曲、小说、电影，几十年来被人们传颂，经久不衰。我相信今天这一课，孩子们会永远记住那些闪光的名字，记住那些光辉的形象。

43

唱唱我们的长江和黄河

　　《我爱家乡，我爱祖国》是一首赞美祖国大好河山的抒情歌曲。旋律优美流畅、明快大气。备课时，我突然想起去年暑假从壶口带来的一瓶黄河水。现在瓶里的水澄净清澈，但瓶底已生青苔还有厚厚的泥土。我在电脑里又找了几张自己在壶口瀑布的照片。我的新课导入就从这里开始吧。

　　"孩子们，你们猜老师这是在哪里照的照片？"

　　"在瀑布旁边。"一个小男孩大声说。

　　我笑着点点头。

　　"在黄河边上。"洪斌说，"因为我看见水那么黄！"

　　我朝他竖起大拇指，"说对了，送《棒棒歌》一支！这是去年暑假老师一家人去黄河壶口旅游时拍的"。

　　"你们看，老师在干什么？"我又出示了一张我在壶口上游岸边的照片。

　　"老师在玩水！"好几个小淘气异口同声。

　　"是呀！老师在玩水，而且我就在那里盛了一瓶黄河水回来。想看看吗？"说着我像变魔术一样从课桌下面掏出那瓶黄河水。我在教室里慢慢地走，把水递给孩子们看。

　　"哇！这么浑呀！"

　　"真像咖啡！"

　　"孩子们，看着这瓶水，我又想起了滔滔的黄河和雄伟的壶口。黄河

与长江都是我们的母亲河，因此，赞美长江、黄河，就是赞美我们的家乡和祖国。今天，我们就一起来学唱一首好听的歌曲《我爱家乡，我爱祖国》。"

我领着孩子们一起把歌词读一遍，歌词朗朗上口，很容易记忆。"中国有条大江，名字就叫长江。长江源远流长，我爱我的家乡。中国有条大河，名字就叫黄河。黄河奔腾万里，我爱我的祖国。"没想到一年级的很多孩子连"源远流长"和"奔腾"这样复杂的字都认识，全班的孩子不用教都可以很整齐地朗读了。

我采用听唱法教孩子们演唱，这是一首适合低年级小学生学唱的四三拍歌曲，但旋律很宽广，孩子们有时爱把"大江"唱白，扯着小嗓子高喊。我笑着打了个很形象的比喻：

"你们唱得大江都干了，没水了，注意听，老师唱的大江是又深又宽的。"说完我就示范一遍。

"'长江源远流长，我爱我的家乡'这句旋律深情悠扬，要唱出骄傲和自豪。"我在电子琴上重点范唱了两遍，孩子们再唱时效果好多了。

学了三遍后，我就请孩子们欣赏歌曲 Flash，动感的画面配上童真的合唱，孩子们很快就能跟着一起演唱了。我用手势指挥着让他们控制着自己的"嗓音乐器"，随着伴奏音乐，一会儿音量为3，一会儿音量为0，这样所有的孩子都必须注意力高度集中地看着我的手势，稍一分神，就会在别人默唱时他发出声音，引来同学的嘲笑。用这样的形式复习巩固歌曲，孩子感觉不枯燥，这个办法百试不爽。

这节课的聆听音乐时间，我选择了同样是歌颂长江、黄河的经典老歌《龙的传人》。现在很多海外的游子还有热爱中国的国际友人在电视节目中都喜欢演唱这歌。当我一放这首由香港艺人张明敏演唱的歌曲 Flash 时，很多孩子都能跟着演唱"遥远的东方有一条江，它的名字就叫长江，遥远的东方有一条河，它的名字就叫黄河……"。

教学反思

《音乐课程标准》将情感态度与价值观目标划分为五个小目标：丰富情感体验，培养对生活的积极乐观态度；培养音乐兴趣，树立终身学习的愿望；提高音乐审美能力，陶冶高尚情操；培养爱国主义和集体主义精神；尊重艺术，理解多元文化。

这五个小目标是你中有我、我中有你、相互渗透、不可分割的。教师应在课堂设计中思考如何在有限的时间里把握好音乐课程标准的三维目标，让学生在音乐学习中更好地感悟与体验音乐文化，增强音乐学习的有效性，在这节课中我做了这样积极的尝试。

在这节课中，因为孩子唱得很直白，我就幽默地说他唱得大江干了，没水了。这样幽默的语言可以使知识变得形象易懂，可以使孩子们精神放松，使课堂气氛和谐，诚如苏联教育家斯维特洛夫所言，"教育最主要的也是第一位的助手，就是幽默"。所以我们教师在教学中不妨加点"幽默"。适时、适量而又有分寸地"幽"它一"默"，效果绝对不错。

44

爱的教育如影随形

　　《小乌鸦爱妈妈》是一首以动物为题材的儿童歌曲。叙事性的歌词讲述了小乌鸦对妈妈的热爱，教育孩子要尊敬、热爱自己的母亲，从小就要帮助妈妈做一些力所能及的事情，不忘母亲的养育之恩。

　　一上课，我就给孩子们讲了《中国教育报》上的一个真实的故事《让爱瞑目的希望》：河南的一个小伙子捐献眼角膜，唯一的希望是受捐献人要记住自己母亲的生日，并在母亲生日那天为她送去祝福。

　　我动情地讲完这个故事，然后引出孩子对母亲生日的关注，并和孩子们一起唱了一支老歌——《世上只有妈妈好》，自然地引出新歌的学唱。

　　《小乌鸦爱妈妈》这首歌的旋律很多孩子都会哼唱，但三段歌词的完整演唱对他们来说，比较有挑战性。因此，我把学唱三段歌词作为教学的难点，分段引领孩子们读歌词。

　　读到第三段，我问孩子们："如果你是乌鸦妈妈，看到自己的孩子这样懂事，会说些什么？做些什么？"

　　"孩子，你辛苦了！"

　　"小乌鸦，谢谢你！吃了你捉的虫子，妈妈的病好多了。"

　　孩子稚嫩的话语让我感到欣慰，我充分肯定了他们的说法。

　　"小乌鸦为妈妈不辞辛苦寻找小虫的样子真可爱。我们一定要把它对妈妈的爱用自己理解的方式表现出来。"

　　我邀请勇敢的"小乌鸦"到台前表演。"老师就是乌鸦妈妈。"我顺手摘下脖子上的绿丝巾，围在头上。看着我的形象，孩子们开心地笑了。好多只"小乌鸦""飞"到台前表演，唱到"小乌鸦呀叼来虫子，一口一口喂妈妈"时，好几个孩子小嘴巴努着，直往我脸上靠，好像真的要把"虫子"喂给我。台上台下互动交流，教室成了欢乐的海洋。

表演小憩时，我问孩子们："小乌鸦作为一种动物，尚且爱自己的妈妈，我们可以为妈妈做些什么呢？"

"妈妈生病时，给妈妈吃药。"

"妈妈下班，给妈妈送一杯茶！"

"妈妈累了，给妈妈洗洗脚，捶捶背！"……

我一次次朝着孩子们竖起大拇指，表扬他们的做法。

"同学们，我们大家还有一个共同的妈妈，她是谁呢？"

"是祖国。"

"对，她就是祖国妈妈，我们能为祖国妈妈做些什么？"

"我要爱护环境！"

"我不随地吐痰。"……

没有想到很多孩子的回答都是关于环保的话题，孩子们虽然小，但他们能从自己理解的范畴来表述，已经很不容易了。

我帮孩子们进一步提升："我们都为自己是中华儿女而感到自豪和骄傲。作为祖国的花朵和未来，你们现在要好好学习，天天向上，等长大了为祖国做贡献。作为祖国的儿女，老师要上好每一节课，把你们培养成栋梁之才。让我们为了祖国更美好的明天一起努力、加油，好不好？"

孩子们群情激昂，大声说"好"，最后我又播放了北京奥运会开幕式上林妙可小朋友演唱的《歌唱祖国》视频。一节关于爱的教育的音乐课在歌声中结束。我希冀每个孩子都能乘着音乐的翅膀飞翔，希望爱的种子在孩子们天籁般的歌声中，撒遍幼小的心田！

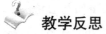 **教学反思**

《小乌鸦爱妈妈》这首歌孩子们大多耳熟能详，如何上出新意？我尝试着把爱的教育作为主题，因为现在的孩子生活在爱的氛围里，只是被爱多于施爱，他们不知道该如何去爱他人。在歌声中，在听老师讲的故事中，在师生的对话中，孩子们明白了该如何施爱。

音乐的力量是巨大的。据说美国纽约市市长安东尼奥治理地铁站里的偷盗和抢劫现象，采取的不是暴力，而是不间断地播放贝多芬、莫扎特的古典音乐，其中《圣母颂》播放次数最多。后来奇迹发生了，地铁站内的抢劫、偷盗行为大为减少，发案率创下历届政府中的最低。

是的，音乐在哺育和拯救一个人的灵魂时，要比任何教育都来得深入，来得高明。人是需要音乐的，尤其是在人生的启蒙阶段。

45

最美的问候

音乐室的隔壁就是一（2）班的教室，每当下课的时候，门口总会围着一群"小麻雀"，我笑着招招手，他们就"一哄而上"全挤进音乐室，这个摸摸电子钢琴，那个看看我的书，还有的竟然唱起我在上课时教三年级孩子唱的歌，很熟练很好听。怪不得隔壁的于老师说我这儿一上音乐课，他们班就有好多孩子都不专心听讲了，都在听琴声和歌声呢。没办法，学校的校舍有些紧张，只能这样。好在于老师并不介意："你上课的琴声做我们的背景音乐，也不错的！"

我很喜欢这群孩子，慢慢地，课间休息时音乐室里的孩子更多了。我索性就弹着琴和他们一起唱歌，孩子们唱得很开心，其中有一个眉清目秀的小男孩始终不唱，只是偶尔用眼角怯怯地瞟着我，有时还有一丝笑意，他很少说话，好像一直沉浸在自己的世界里，自得其乐。

"这个小朋友，你也唱呀！"我热情地招呼着。

"呸！"他笑着朝我吐了一口唾沫。天哪！我还从来没有遇见过孩子这样对待我，我愣在那里。

"王老师，不要理他！他经常这样吐人的。他是彪子！"（威海话就是傻瓜的意思）

怪不得我觉得这个孩子的神色有些怪怪的。后来我再向于老师打听，才知道这个孩子叫晓青，他母亲怀孕时可能吃了有不良反应的药物，导致他的智力有问题。知道了这些情况，我很同情这孩子。每次看见他，我都

会很亲热地主动跟他打招呼。他有时会朝我一笑，但更多的时候是不说话，等我走过去，他就朝我吐一口。回到办公室我跟同事们说起这事，大家都说我多事，不搭理这孩子就没事了。但说不清为什么，每次看见他，我还是一样笑着跟他打招呼。

有一天上校本课程时，于老师拉着晓青的手，把他送到音乐室。"王老师，就让他在这里听歌吧，他也不能参加别的校本课程。我看他还是喜欢听你弹琴的。"我笑着点点头，特许他坐在音乐室的沙发上，我和孩子们在开心地唱歌，他在沙发上一会儿坐着，一会儿躺下，再一转眼，人不见了。当我找别的孩子把他从校园里"抓"回来时，他又能安静地坐上一会儿。

一次，我和孩子们在唱《海娃的歌》，这首歌旋律欢快活泼，歌词生动，孩子们很喜欢唱。我突然瞥见晓青的小嘴巴也在一张一合，他在跟着我们唱，太好了！他终于开口唱歌了。

课间操的时候，我去图书室借书，大树后面突然伸出一个小脑袋。"老——师——好！"脆生生的童音传进我的耳朵，是晓青！我简直不敢相信，虽然在校园天天"老师好"的问好声不断，但晓青的问候令我惊喜不已，甚至有种莫名的感动，眼泪忍不住夺眶而出。这一句"老师好"是我听到的最美的问候。

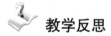 **教学反思**

世间的人本来就有强弱之分，有幸与不幸之别。对那些身体和心智残疾的孩子，我们为人师者所给予他们的，不应只是同情，还有平等的尊重。我们的心灵应该更宽广些，给予他们更多的关注与耐心，为他们小小的心灵撒播进缕缕阳光。"精诚所至，金石为开"，也许在不经意间你就会发现，自己收获了一个爱的春天。

46

爱如冬日的暖阳

　　《爱的人间》是威海籍著名作曲家谷建芬专门为盲童写的一首歌，是电视连续剧《光明世界》的主题歌。歌曲以第一人称的形式表达了盲童对给予他们关爱、帮助的人们和社会的感激之情，非常形象地刻画了盲童的内心世界。虽然他们看不见，但太阳、月亮、花草都在他们心中，他们心灵的眼睛都能看见，这是因为无数人的关怀使他们脱离了黑暗世界。

　　备课时，我想到用那首献给盲童的获儿童诗歌大赛特等奖的童谣做导入。

　　五（3）班的孩子很活跃，教室里总是热热闹闹的。我在黑板上写下《摘星星》的童谣。

　　我和孩子们一起朗诵了两遍，很快他们就能背下了。我告诉他们这是我在10月15号为一年级小朋友推荐的童谣。聪慧的韵晶马上举手说："老师，我猜10月15号一定是关于残疾人的节日。"

　　"是呀！孩子们，那天是国际盲人节。人们希望对这些特殊的人群，给予物质和精神上的关爱。在这爱的人间，盲人们心里很温暖，他们心灵的眼睛欣欣然张开了，看见了红花绿草，听到了小鸽子的歌唱。今天我们就一起学唱一首表达盲童心声的歌曲《爱的人间》"。

　　深情悠扬的旋律在教室里回荡，孩子们听得很认真。接着放了三遍，孩子们都能跟着演唱了。

　　课间小憩时，我问孩子们："在生活中你接受过别人真诚的帮助吗？你

在生活中有过帮助别人、给别人带来快乐和幸福的经历吗？"

孩子们唧唧喳喳，纷纷抢着说：

"我在操场上踢球，不小心摔了一跤，邻班的同学把我扶起来，我很感动！"

"英语比赛我当小考官，一个三年级的小妹妹很紧张，我就把单词说慢点，还告诉她要放松，不要放弃。后来她终于闯过了第八关，小妹妹开心地笑了，我更开心！"

"我生病两周后回到班级，同学们都围过来，向我说学校的新鲜事，说很想我。我觉得很温暖，感动得眼泪都掉下来了。"

......

帮助别人和得到别人的帮助都让孩子们如此温暖、幸福，我和他们一起沉浸在爱的回忆中，教室里充盈着浓浓的爱意，爱如冬日的暖阳，暖暖地照在我们的心田上……

 教学反思

现在的孩子是全家的宝贝，要风得风，要雨得雨，孩子们心安理得地享受着这一切，认为这一切是理所应当的，很少想到要回报，要去帮助别人。

其实，知恩图报是中华民族的传统美德，"受人滴水之恩，当以涌泉相报"一直被传诵。学唱这首《爱的人间》，讲述歌曲背后的故事，就是让孩子知道一个朴素的道理——"赠人玫瑰，手有余香"。让孩子体会帮助别人的同时，自己也能得到快乐；让孩子学习换位思考，关爱朋友，特别是身有残疾的小朋友；让孩子学会互相体谅，使人际关系更和谐。

第四辑

带上小耳朵出发——名曲赏析

47

高山流水，古韵潺潺

今天聆听音乐的时间，我要和孩子们一起欣赏我国古代十大名曲之首——《高山流水》。

"嗓音乐器要控制好小嘴巴的音量，桌子、凳子、铅笔盒都不要发出声音，我们只需要张开小耳朵，静静地听！"孩子们听了我的话很乖巧地坐好。一年级的小朋友，要让他们安静，需要事无巨细地强调。

我点开了音频，顿时那幽雅的音乐响起来，我也微微地闭着眼，和孩子们一起欣赏。典雅清丽的音乐弥漫开来，我的眼前似有一条叮叮当当跳跃着的溪流。四周树木葳蕤，弥漫着淡紫的烟雾。溪流上漂着一叶兰舟，舟上有仙人在弹奏。那轻柔流畅的乐声中似有人在吟叹："巍峨兮若高山，洋洋兮若江河。"那悠扬的乐声，在高昂激越的大河奔流声中，又回归到小溪潺潺，余音绕梁，韵味无穷，自有一份平和舒缓的感觉。

渐渐地有个别孩子坐不住了，小脑袋摇晃着，像小拨浪鼓。我轻轻地站起来，走过去摸摸乱动的小脑袋，孩子就安静了。我心里很清楚，不能苛求孩子们一开始就能静静地听，这需要一个过程，欣赏音乐就如读书一样需要引导，需要激发他们的兴趣。

我问孩子们能听出是什么乐器演奏的吗？曲畅抢着说是古筝。好几个孩子说自己会弹古筝，现在的孩子真是多才多艺。

我请孩子们说说都听到了什么，好像看见了什么。

"我觉得好像在一个有雾的阴天里，古代的一个人在河边的大石头上弹古筝。河里有荷花，旁边还有竹林。"太棒了！于晗听懂了音乐，而且一口气说了这么多。我朝他竖起了大拇指，并带头送他一支《棒棒歌》。于晗很自豪地坐下了，而且一直到下课都非常认真地听着。

接下来，任我怎么启发，其他的孩子都不发言了，一脸的茫然。

"孩子们，我给你们讲个故事吧！"我向他们娓娓道来俞伯牙和钟子期的故事，并告诉孩子们这就是我们中国著名的典故"高山流水遇知音"的来历。

对于一年级的孩子，需要变换着形式来反复地聆听，以加深印象，强化他们的记忆。因此第二次聆听，我让他们边欣赏《高山流水》的Flash画面边听音乐。一年级的孩子以形象思维为主，他们对多媒体很感兴趣，虽然还有个别孩子的凳子发出噪音，但大多数孩子都认真看着画面欣赏完了乐曲。

"孩子们，你们表现得不错，我再奖励你们一个小故事。"一听我又要讲故事，孩子们坐得笔直，刚才那几个有些躁动的孩子也老实了。

1977年8月22日，美国发射了"旅行者号"宇宙飞船，它有非常艰巨而光荣的使命——在茫茫的宇宙中寻找天外的"知音"，希望能遇到"外星人"。而和"外星人"交流最好的方式就是通过音乐。因此飞船上载有一张非常奇特的唱片，它是用铜制作的，表面镀金，还用钻石制成了唱针，这张唱片即使过了10亿年仍能铮亮如新。那上面刻有地球上不同时代、不同民族的27首乐曲，我们祖国的乐曲有被选中的吗？

孩子们异口同声地答道："有！"

我很自豪地笑着说道："是呀！我们祖国是文明古国，当然有乐曲被选中。可我们的民族音乐那么多，像一条浩瀚的大河，有谁能猜猜我国哪首乐曲被选中了？"

好几个孩子都说是《高山流水》，而且都说是因为老师要大家欣赏的

就是这个曲子。这些孩子真是太聪明了！

"恭喜你们猜对了！我们的古曲《高山流水》荣幸地被选中，用来代表中华民族历史悠久的灿烂文化。我国发射了第一颗人造月球卫星——'嫦娥一号'，卫星在到达绕月轨道后，于距地球38万公里以外的太空将向地球播放一组由全国人民选出的30首歌曲，其中也有——"我拖长了音调，孩子们齐声接道："《高山流水》！"

最后，我让孩子们第三遍静静聆听这首乐曲，让那古韵悠扬的《高山流水》在他们心中流淌吧，或浅或深，让孩子们自己去感悟、体会。

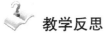 **教学反思**

我国的民族音乐历史悠久，古典音乐如中国水墨画，宁静致远，深邃绵长，蕴涵着东方深远的文化内涵。1997年前国务院副总理李岚清批示，"要在学生中普及古典音乐。士可百为，唯不可俗（低俗、粗俗、庸俗），俗不可医。……古典音乐似乎更易使人的气质发生变化。有了气质，能力因此跟随，知识因此吸附；有了气质，虽不一定都有鸿鹄之志，但都不会只存燕雀之心"。因此，我们音乐教师要教会学生欣赏古典音乐，用心体会音乐的美感。

《高山流水》这首曲子还适合用在关于友情主题的班队会上，可以作为很好的背景音乐，而且有关曲子的故事非常适合讲给孩子们听。

古琴技艺现在有些失传，老师最好选用古琴曲演奏版本的，借此弘扬民族文化。有条件的学校，可以邀请古琴演奏师来校现场为孩子们弹奏，或者带孩子们到音乐厅聆听古琴的演奏，让孩子们身临其境地欣赏。

48

用三只耳朵听音乐

　　上师范时，我非常喜欢听俞丽拿演奏的小提琴协奏曲《梁祝》，尤其是化蝶的那一段。后来又听了彭丽媛演唱的歌曲《化蝶》，对那凄美的歌词更有情有独钟——"碧草青青花盛开，彩蝶翩翩久徘徊，千古传颂深深爱，山伯永恋祝英台。"

　　上周，读到《中国教师报》对作曲家陈钢的深度访谈《舞动着的"蝴蝶"人生》，介绍了作曲家创作《梁祝》时的背景和《梁祝》在诞生五十多年来如何成为经典的故事和中国的符号。在西方，人们还给《梁祝》起了一个浪漫的名字——《蝴蝶情侣》。

　　上学期，我和三年级的孩子们一起欣赏过《梁祝》。当时我播放了在网上搜到的《梁祝》Flash，当那黑色的背景上一幅画轴徐徐展开时，跳动的烛光如一个精灵，悠扬而感伤的音乐适时而起，孩子们被震撼了，眼睛瞪得溜圆，静静地聆听着音乐，看着鲜花盛开，两只蝴蝶在其间飞舞……

　　今天我就决定上一节艺术欣赏课，让孩子们再一次和我一起欣赏《梁祝》。我让一个孩子为大家朗诵《舞动着的"蝴蝶"人生》，先让他们对《梁祝》有个比较全面的了解。四年级的孩子欣赏过陈钢教授写的小提琴协奏曲《苗岭的早晨》，弹电子琴的孩子都会弹陈教授的《翻身道情》。这么大的孩子对自己崇拜的人很感兴趣，因此他们都在聚精会神地听着，我不时地提问，使他们听得更认真，理解得更全面，15分钟后我们就读完了访谈录。孩子们也记住了陈教授的话：音乐，只有好坏之分，没有轻重之

别。我们应该热爱所有的好音乐。因此，我们要用三只耳朵听音乐，一只听古典音乐，一只听流行音乐，一只听先锋音乐。我们要好好地做一个有生命、有灵魂、有美德的人，过一个美丽的艺术人生。

我给孩子们弹奏《化蝶》的主旋律，没有想到他们一起跟着哼唱起来，童音如天籁在音乐室里萦绕，我们一起陶醉在这优美感伤的音乐中。

"孩子们，你们什么时候学唱的这首曲子？"我笑着问道。

"我听妈妈讲过梁山伯和祝英台的故事，觉得非常感人。后来少儿频道播放《梁祝》的动画片，我就会唱了。"陶雨抢着说。

"我好朋友家的电话彩铃就是这音乐，我经常听呢。"水湄的回答令我忍俊不禁，原来彩铃还有传播民族音乐的作用呀！

"我在妈妈买的民俗故事书里知道了化蝶的故事。后来钢琴老师又让我们弹了这首曲子。"小钢琴家子蓬得意地说道。

"老师，我看电视剧《小留学生》时，看见中国小留学生和好几个外国同学一起演歌剧《梁祝》，我知道了这个故事，也学会了这首旋律。"佩璇一说，其他孩子也唧唧喳喳，说他们也看过小留学生用英语聊《梁祝》，很有意思呢。看来，蝴蝶真的飞向了全世界。

 教学反思

"越是民族的就越是世界的。"中国源远流长的五千年的灿烂文化魅力无穷。现在的孩子对流行音乐"爱不离口"，可前年是"两只蝴蝶漫天飞"，去年是"一朵玫瑰花"，今年又流行"喜唰唰"。流行音乐很多都是昙花一现的东西，而我们民族音乐中的精华却是久唱不衰，风韵独特。我们要让孩子们吸收中华民族文化的精髓，做一个有根的中国人。

49

走近京剧

　　一个寒假不见，孩子们又长高了，穿着新衣服，一个个笑靥如花样灿烂。

　　"孩子们，春节联欢晚会上有个节目是小朋友演唱京剧选段，喜欢听吗？"

　　我直接从春节晚会说起，就几个孩子直点头，大部分都摇头说听不懂，不如小品好看。这样的回答是我预料之中的，孩子们的京剧知识可能贫乏到"一穷二白"的地步。但我还是想知道他们究竟对京剧了解多少，我的第二个问题接着抛出：

　　"孩子们，谁知道京剧，会唱几句京剧？"

　　"老师，我们家也开春节联欢晚会。我弹钢琴，爷爷拉二胡，奶奶唱京剧。"大眼睛的小曼第一个站起来说道。真是很温馨的家庭聚会！

　　"老师，我知道京剧里有生、旦、净、丑四种角色。"凯杰的声音总是那么脆生生又响亮。

　　"你真不简单，还知道京剧中的四种角色。那你还知道有哪几种表演形式吗？"我朝凯杰竖起了大拇指，接着问道。

　　孩子不好意思地摇摇头。

　　旁边的一个小男孩大声说道："我知道武松打虎！"

　　孩子们笑成了一片。

　　我只好把答案——唱、念、做、打——告诉他们，这些京剧的基本常

识需要以后一点一点让孩子们掌握，不能苛求一口吃个胖子。

"老师，我记得很小的时候妈妈抱着我唱京剧，但我听不懂。"乔小荷羞涩地说。

"老师，我知道唱京剧的人都戴着长长的胡须，还有大花脸！"后排的小男孩边比画边说道，他一定想起了黑脸的包公。

迟菁菁的手高高举起："老师，我姥姥、姥爷可喜欢唱京剧了。姥姥做饭也喜欢哼哼着唱呢。"

"哦？那你会唱吗？"我笑着问道。

"我就会唱几句！"我请她为大家演唱。

"奶奶，您听我说！我家的表叔，数不清，没有大事，不登门。虽说是，虽说是亲眷又不相认，可他比亲眷还要亲。爹爹和奶奶，齐声唤亲人，这里的奥妙，我也能猜出几分。他们和爹爹都一样，都有一颗红亮的心。"

孩子稚嫩的嗓音还把握不好京剧里的一些装饰音，调不算太准，但她能这样完整地演唱下来，已经很难得了。同学们静静地听着，送给她最热烈的掌声。

我继续上课，"同学们，有句俗话叫人不可貌相，但是在京剧中恰恰可以以貌取人，因为不同颜色的脸谱展现了人物的不同性格和形象"。我说着还拿出了十几个五彩斑斓的京剧脸谱面具。

"谁能说出黑色脸谱代表什么？"

"包公是黑脸，他很公正。"小峰真是见多识广。

"红色脸谱代表忠义。"新月说对了。我告诉孩子们黄脸、蓝脸、绿脸、紫脸分别代表什么，他们听得饶有兴致。

"我原以为那脸谱是随意画着好看呢，原来有这么多学问。"刘洪说道。

"京剧不仅在国内受到人们的喜爱，在国际上也享有很高的声誉，外国人称京剧是 Beijing Opera，即北京歌剧。今天我们一起欣赏一首戏歌《唱脸谱》。"

我播放《唱脸谱》的 Flash。锣鼓点一响，画面上出现一张张生动的脸谱，京腔京味的演唱，特别是那几句"蓝脸的窦尔敦盗御马，红脸的关公战长沙，黄脸的典韦白脸的曹操，黑脸的张飞叫喳喳"让人心情振奋，好几个孩子竟能跟着演唱起来。放完一遍，孩子们便嚷着要听第二遍。孩子们一个个听得入迷，摇头晃脑的，真是可爱极了！

我接着又放了另一首戏歌——《前门情思大碗茶》，那浓郁的京味、那怀旧的画面，将我们一起带进了有着悠久历史的文化古都——北京。歌中有戏，戏中有歌，真希望这些戏歌能以风格独特的韵味搭建起孩子和传统京剧的桥梁，使孩子们逐渐喜欢京剧。

一节京剧欣赏课结束了，孩子们还真有些意犹未尽……

七嘴八舌话京剧

岳佳翰：学京剧，我感到非常新奇。老师给我们放《唱脸谱》的动漫，那曲子很好听。原来那一张张五彩斑斓的脸谱还能表示性格，太酷了！

车家伟：爷爷奶奶很喜欢听京剧，可我听不懂。今天课上听《唱脸谱》，我觉得那些脸谱太好玩了，许多同学对京剧还能说上一两句，真厉害！我也要回家跟爷爷奶奶学几句京剧，唱给同学们听。

苗新月：学唱京剧是一件挺有意思的事儿。听舅姥爷说，京剧的每一个眼神、动作都有讲究，而且京剧中有很多历史故事呢。

尉珊：没想到音乐课堂上还能欣赏到京剧，真是太好了！老师说京剧是国粹。我喜欢听京剧，从小就听姥姥唱。姥姥说我们是中国人，就应该多唱我们中国人自己的戏曲。

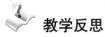 **教学反思**

古老的戏曲散发着迷人的魅力，我希望通过学习京剧，能让孩子们从中了解中国的历史和优秀的传统文化，传承我们的民族精神，弘扬我们的民族文化。

另外，经典唱段中的京剧人物、京剧故事，也能教会他们分辨真善美，有助于孩子们树立正确的价值观。希望他们不仅喜欢唱"双节棍""青花瓷"，还会唱"包龙图""李铁梅"，慢慢地也都成为京剧的小"粉丝"吧。

50

我们一起来赏秋

《秋日私语》将古典音乐与现代音乐融为一体，旋律悠扬、和声简洁、音色甜美，充满了诗情画意。今天聆听音乐的时间，我要和孩子们一起欣赏由著名钢琴演奏家理查德·克莱德曼演奏的《秋日私语》。

"孩子们，谁能说说你眼里的秋天景色呢?"我的问题一抛出，孩子们就唧唧喳喳说起来。

"我走在路上，柳树的叶子都打在我头上了!"

"星期天我去奶奶家，发现晒的花生都能摇出响来了。"

"爸爸带我去红叶山庄吃饭，我看见柿子树叶都落光了，上面就剩下一串串的红柿子，真想吃。还有那里的一棵枫树叶子都红了。"

"姥姥家的大苹果满院子都是，到处滚。"

"秋天蚊子少了，蛐蛐多了!"

"我看见学校操场边的银杏树叶子有的变黄了。"

"老师，我一走到学校旁边，就闻到很香很香的味道。妈妈说是桂花香，太好闻了!"

"秋天的果子熟了，很好吃!"

"哈哈!孩子们，你们真了不起，小眼睛还真像一部小摄像机，把秋天的景色尽收眼底，还有好几个同学把秋天的感受说得那么风趣。"听着孩子们你一言我一语，用童真的语言说着自己眼里的秋天，我由衷地赞美道。

"现在请你们到我的博客去欣赏秋天的图片，看看老师眼里的秋天是

什么样的。"我打开我的博客，孩子们看着那五彩斑斓的图片，小眼睛瞪大了，一连声的"哇！"我给每个图片都起了一个名字，当看到"霜叶红于二月花"时，好几个孩子都说他们会背这首唐诗，于是我们就一起背起了"远上寒山石径斜，白云生处有人家……"

欣赏完图片，我让孩子们倾听音乐里描述的秋天，用心聆听乐曲中大自然倾吐的心声。"聆听音乐最好的老师是自己的小耳朵。"说完，我就打开音频。

教室里静悄悄的，孩子们用心地听着。清澈的乐曲声中，仿佛有片片飘落的枫叶在眼前千回百转，就像飞舞的蝴蝶，舞姿翩跹。那深远高雅的意境，舒缓柔美的节奏，把我和孩子们带进了一个纯净的世界。

欣赏完我再请他们说说感受，孩子们异口同声地说真好听，还有的说很优美。他们说不出更多的词语，因为他们只是一年级的孩子，不能苛求，随着年龄的增长，他们的欣赏水平也一定会提高的。

"老师，我有一个建议，能不能用这个音乐配上我们语文课上学的《秋叶飘飘》一起来读呢？"梳着童花头的张琳急切地说。

"这个主意太好了！我们一起配乐朗诵吧！"听我这么赞同她的建议，小姑娘的笑眼更是弯成了月牙。我播放了音乐 Flash，孩子们集体背诵起来：

> 红色的蝴蝶
>
> 黄色的小鸟
>
> 在天空飞翔
>
> 在空中舞蹈
>
> 不是蝴蝶，不是小鸟
>
> 是红叶舞，黄叶飘
>
> 像秋姑娘发来的电报
>
> 告诉我们秋天已经来到

教学反思

　　《秋日私语》适合小学所有年龄段的孩子欣赏，可以让他们在音乐中感受大自然的美丽。学习疲惫时，这首曲子还可以作为放松、提神的音乐。

　　音乐欣赏时，通过聆听与想象相结合，能让孩子感受到音乐形象，体验到音乐情绪。如果能适当地运用音乐与其他艺术相结合的方式进行表演，如配乐朗诵等，那么音乐欣赏课的效果就更好了。

51

笛声中的小鸟

今天欣赏的乐曲是教材上的《荫中鸟》，这是中国十大笛子独奏曲之一，乐曲取材于河北民间音调，形象而生动地模拟了大自然中的鸟鸣，惟妙惟肖，扣人心弦。作者借境抒情，形象地表达了人们向往自由幸福生活的心情。

我照例还是让孩子们闭上眼睛，张开小耳朵，聆听音乐。现在大部分孩子都已经养成习惯了，乖乖地趴在桌子上，安静地欣赏。可能是乐曲引子部分那悠长而清脆的鸟鸣声一下子吸引了孩子们，有的孩子就坐不住了，晓文摇头晃脑，双手还在空弹，很投入的样子。乐曲那么欢快活泼，好几个孩子举着小手想告诉我什么，我打着手势制止。欣赏乐曲时，我要求他们不到万不得已中途不准说话。

终于听完了，孩子们纷纷说出自己的感受。

"老师，我听着好像是过年的感觉。非常开心！"

"老师，是笛子声。"

"老师，我听出来了，好像一大群小鸟在唱歌呢。"

"好像人们在庆祝，还有人吹口哨呢。"

……

这是听欣赏曲以来，孩子们回答得和乐曲意境最贴近的一次，可能因为曲子中大段模拟鸟鸣的段落十分逼真，所以很多孩子都听出了鸟鸣声。

我告诉他们这是我国十大笛子曲之一，并在大屏幕上打出中国竹笛的图片，那两根修长的竹笛配上通红的中国结，煞是好看。我告诉孩子们，二年级时，我们也要学习竖笛。孩子们一听，小眼睛充满了期待。

接着我们又一起欣赏了《荫中鸟》的 Flash，孩子们饶有兴致地看着大鸟和小鸟在互相对答，教室里也不时有小淘气学着鸟叫。

"孩子们，在南方生活着一种小鸟——鹧鸪，它喜欢朝着太阳飞，所以人们都叫它随阳鸟。今天我们再一起欣赏一首笛子独奏曲《鹧鸪飞》。"

我放了一段风景视频，一望无际的大湖，岸边山峦叠嶂，虽然画面上没有直接出现鹧鸪鸟，但仿佛能感受到鹧鸪鸟在湖面上展翅翱翔，因为演奏家以醇厚和细腻、快和慢、强和弱等技艺对比手法，好像鹧鸪鸟时远时近，忽高忽低，在广阔天空尽情飞翔。

我接着放赵传演唱的《我是一只小小鸟》Flash，教室里安静极了，Flash 中有一只身上缠着绷带的动漫小鸟，无助，彷徨，配着赵传沧桑的歌声，打动了孩子们。我马上灵机一动，让孩子们用画笔为这只可怜的小鸟设计一个家。

很多孩子在大树上为小鸟设计了一个个安逸的小巢，还有一个孩子画了小鸟坐在飞机上，说他把小鸟的巢安在月亮上呢。

教学反思

看着孩子们为小鸟设计的一个个美丽的小巢，我很感动。在孩子心目中，小鸟、小猫、小狗都是可爱迷人的，是他们可以平等交流、玩耍的伙伴和朋友。我还发现，孩子们会将成年人对待他们的态度、情感和爱的方式，投射在小鸟身上。因此我们一定不要错过这个向孩子们播种友善、仁爱的最佳时期，要让他们学会爱自己、爱环境、爱他人。

52

好一朵美丽的茉莉花

欣赏音乐前我先给孩子们讲了一个故事：

20 世纪初，一批中国留学生不远万里到法国求学，举目无亲。一个周末聚会，老师让每个留学生都来演唱自己国家的国歌。中国留学生面面相觑，低头不语。这时一些国家的学生就嘲笑着说他们是一群没有国家的孤儿、乞丐，是东亚病夫……

中国留学生个个义愤填膺，眼里燃烧着怒火。这时一位中国姑娘昂着头，充满自信地站起来，为大家演唱了一首中国江苏民歌。那委婉动听的歌声让同学们都陶醉了。一曲终了，响起了雷鸣般的掌声，大家都说这是最优美最动听的国歌。这个姑娘用机智挽救了祖国的名誉。

"它就是经典的民歌《茉莉花》。《茉莉花》不仅在我国广为流传，从18 世纪末起，还流传到欧洲和美洲。1840 年英国地理学家和旅行家约翰·贝罗在他所写的《中国旅行记》中提到了这首民歌，从此在国外它被视为中国民歌的典型，被广泛传播。意大利著名作曲家普契尼创作的歌剧《图兰朵》就采用了江苏民歌《茉莉花》作为重要的音乐素材，很有东方神韵。我国的很多艺术家都把《茉莉花》作为演唱和演奏的保留曲目。老师搜集了好几种不同风格的以茉莉花为主题的音乐作品，我们一起来欣赏吧。"

我先请孩子们欣赏世界著名的萨克斯演奏大师肯尼·基倾情演奏的《茉莉花》。"肯尼·基在演奏《茉莉花》时曾说，我并没有亲眼看过茉莉花，但是当我第一次听见《茉莉花》时，我便深深地爱上了它，我知道它一定是世上最美丽的花朵之一。"孩子们可能在商场和酒店里听过这首唯美浪漫的乐曲，我一放，他们就一个个摇头晃脑跟着哼唱起来。

接着，我们欣赏我国著名女高音歌唱家宋祖英在维也纳金色大厅演唱的《茉莉花》。宋祖英的歌声如百灵鸟般甜美，男声合声部分也异常和谐优美，孩子们轻声跟着演唱起来，我欣喜地朝着他们一次次竖起大拇指，他们唱得更欢了。

之后我和孩子们又一起欣赏了音乐家彭丽媛和台湾著名歌手蔡琴，还有张德兰、黑鸭子组合演唱的不同版本的《茉莉花》，特别是最后阿里郎组合演唱的《茉莉花》，加上了很多流行时尚的配器，还有 Rap 形式的说唱，教室里沸腾了，好几个孩子用铅笔做指挥棒在手舞足蹈，好一朵"疯狂"的茉莉花。

最后，我又让他们欣赏了三个不同风格的《茉莉花》Flash，有音画结合的，有中国剪纸风格的，还有儿童动漫风格的，孩子们边欣赏边载歌载舞，开心极了。

教学反思

相同的《茉莉花》主题，不同的演唱风格，给孩子们带来了不同的情感体验，这也是中国民歌的无穷魅力。以《茉莉花》为代表的中国民歌，确实是世界音乐宝库中一颗璀璨的明珠。我希望孩子们多接触以《茉莉花》为题的音乐作品，多感受各种民歌。愿那一朵朵美丽的茉莉花在孩子的心田尽情地绽放，吐露芳华。

53

"这样的音乐只配跪着听"

今天音乐欣赏的时间，我选了二胡独奏曲《二泉映月》。

按照惯例，我让孩子们趴在桌子上，闭上小眼睛，静静聆听音乐。虽然这首曲子有很多版本的演奏形式，但我选的是纯二胡独奏曲。

我请孩子们谈谈听后感受。今天上了三个班，每个班都有四五个孩子能说出"悲伤""难过""不开心"等真切的感受。特别是（3）班李家伟，他听得最投入，泪眼婆娑地对我说："老师，我听了就想哭，真难过！"这个孩子对曲子有这样深入的理解，太难得了。

在肯定了孩子的情绪感受后，我还是什么也不说，又请孩子们再听一遍。这次有很多孩子听出了乐曲中的悲伤情绪。

接着，我在黑板上写上二泉映月、华彦钧几个字，然后给孩子们讲了曲子背后的故事。我声情并茂地讲述了华彦钧多舛的命运：自幼丧母，跟随道士父亲，后来失明，父亲又去世了。他成了无依无靠的盲人，靠拉二胡乞讨为生……他在大街小巷里挂着竹竿，拉自己创作的这首曲子，深沉、悠扬而又不失激昂的乐声，撼动着路人们的心弦……

1978 年，日本著名的大音乐家小泽征尔在我国中央音乐学院第一次听到用二胡演奏的《二泉映月》时，激动得泪流满面，他十分虔诚地说"这样的音乐只配跪着听"，并当场跪在地上，后来由别人搀扶，他才坐回到椅子上。

跪，是人类古老而特殊的礼节，表达最虔诚、最郑重的感情。是什么力量令一个外国音乐家如此感动？这就是伟大作品的巨大震撼力！

孩子们听到这里，一双双大眼睛都瞪得溜圆，我想他们都被这乐曲背后的故事感动了。

"后来，世界上顶级的乐团都以不同的演奏形式来演奏过这首《二泉映月》，它成为盛开在国际乐坛的一朵瑰丽的中国民族音乐之花，被誉为东方的《命运交响曲》。"

最后我又放了一遍《二泉映月》的 Flash，教室里安静极了，我和孩子们静静欣赏着这首表达民间艺人华彦钧心声的乐曲。

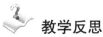 **教学反思**

其实，我一直拿不定主意让这么小的孩子欣赏这样悲切的曲子是否合适。

前一阵偶然翻看曹文轩教授的《草房子》，序言里有一段话，对我很有启发。

> 儿童文学给儿童带来快感的，既有快乐的，也有悲剧的，比如忧伤。从整个文学史看，占有崇高位置的基本上还是悲剧范畴的概念。忧伤是一种文化产物，文化程度达到一定状态，对世界有了一定的认识，对于人类的生存有了一定的理解之后才会有的情感。忧伤还是一种非常美的情感，只要掌握好分寸，就是一种非常好的东西。

我懂了，孩子们需要欣赏欢快、优美的曲子，也需要欣赏有悲剧色彩的曲子，正如生活中需要酸甜苦辣各种滋味，音乐欣赏同样也需要表达各种情感的曲子，带有悲剧色彩的乐曲同样可以引发孩子的共鸣，可以让他们从悲伤中感受到向上的力量。

54

春天交响曲

新学年的第一次音乐欣赏，我几经选择，最后选了挪威作曲家辛丁的管弦乐曲《春天悄悄来临》。乐曲中冰雪融化、春寒料峭的音乐形象非常鲜明，适合在开学后乍暖还寒的早春来欣赏。

我先领孩子们复习歌曲《春天来到了》。"草儿青又青，花儿笑呀笑，柳树穿上新衣袍……"孩子们稚嫩的童音很好听，可其中夹杂了四五个小男孩喊叫的声音，我用眼睛朝他们示意，可这些小家伙喊得更来劲了，特别是布谷鸟的叫声部分，他们更是起劲地喊。等一遍唱完，我笑着对孩子们说："刚才同学们的歌声把我带到了春天的草地上，可有几个同学一喊着唱，又把我带回冬天了。"孩子们都笑了起来。

"再唱一遍，我希望你们用最美的声音演唱，让老师不仅看见春天的草地，还有遍地盛开的鲜花！"

这一遍孩子们的声音和谐多了。接着，我请他们闭上眼睛欣赏一首关于春天的乐曲，让他们帮着起名字。孩子们带着问题认真地听着。辛丁的这首曲子清新欢畅，如一股春风扑面而来，使人心旷神怡。

"美丽的春天""春天的班会""快乐的春天""春风进行曲""春天的音乐会""成长的春天""幸福的春天"……孩子起的名字五彩斑斓，他们简直就是一个个小诗人。优美的音乐拨动了他们心中诗的琴弦，他们在音乐中体验到了思考的乐趣和美的享受。

我告诉他们这首曲子是《春天悄悄来临》，也叫《春之声》或《春日私语》，当然也可以叫他们起的名字。听我这么一说，孩子们笑了，很有成就感的样子。

第二遍听时，我请孩子们欣赏乐曲 Flash。这是人教社制作的课件，非常精美。孩子们瞪着大眼睛看着，白云飘飘，春风柔柔，冰雪融化，春水潺潺，一群小鸭子在嬉戏，我随口吟道"春江水暖鸭先知"。一会儿有小鸟在枝头鸣唱，马上有孩子说："春眠不觉晓，处处闻啼鸟。"

第三遍欣赏时，我请孩子们边听边画出自己眼里的春天。他们随即拿出画笔，边听边画。低年级孩子喜欢听着音乐画画。没有画笔的孩子，我请他们随着音乐即兴表演，可以摇头晃脑，只要在感受音乐就可以。

孩子们完成画作后，我又请他们欣赏著名童星段丽阳演唱的《春光美》，她的歌声非常纯净，原先还有些躁动的教室一下子安静下来，孩子们都静静听着，那纯净的童音在教室里流淌，令人陶醉。

应孩子们的要求，我播放了三遍《春光美》，又给他们播放了童声齐唱的《春天音乐会》，这是教材上的欣赏曲目。活泼欢快的音乐使孩子们坐不住了，他们手舞足蹈，教室里一片欢腾。

教学反思

挪威作曲家辛丁的《春天悄悄来临》，一年级的孩子可能无法很快领会，所以我就增加了与春天有关的其他欣赏曲目，优美的和欢快的音乐交替欣赏，唱歌、赏曲和画画同时进行，使孩子们不感到枯燥。

音乐课就应该是师生互动的过程，孩子在教师的引导下学习音乐，欣赏音乐；教师在孩子们中感受童趣，享受音乐。师生共同营造一个和谐、美好的课堂气氛，共同享受课堂教学。

我越来越发现最美好的音乐欣赏就是和孩子们一起聆听。他们的感悟会让成年的我惊喜不已，他们简单而纯真的想法会让我的心灵更加纯净。他们从音乐中感受的喜怒哀乐常常会让我的心海泛起阵阵涟漪，我庆幸自己能畅游在童心的世界里，和孩子们一起欣赏音乐。

55

纯真的童年，甜蜜的梦

今天我要和孩子们一起欣赏德国作曲家耶塞尔的《玩具兵进行曲》。很多童心未泯的作曲家都写过以玩具兵为题材的儿童乐曲，但耶塞尔写的这首流行最广。据说是作曲家回忆起小时候做的一个甜蜜的梦而写成的。

我先请孩子们欣赏这个曲子，让他们对曲子有一个完整的印象。很多孩子情不自禁地随着很整齐的进行曲节奏拍着手，摇头晃脑。

接着，我问孩子们："喜欢做梦吗?"教室里唧唧喳喳，他们都争先恐后地说着自己的梦：

"我梦见自己长出了翅膀，一下子飞到了天上，我和小鸟一起飞呀，好开心!""我梦见死去的姥姥了，她对着我笑。"

"我梦见我们家来了小偷，被爸爸赶跑了。"

"我梦见妈妈给我买了一大群小鸡，都围在我的床前。"

……

听着孩子们的梦，我笑着说道："梦是一种很正常的生理现象。梦中的情景一般都是我们平时所遇到的事情，但组合起来却非常离奇古怪。在德国有个音乐家叫耶塞尔，他小时候做了一个梦，后来他根据那个梦境写了我们刚才听到的曲子《玩具兵进行曲》，有意思吧!"

那天是小耶塞尔的生日，爸爸给他买了一件生日礼物，一个装满玩具兵的玩具箱。玩具兵一个个可爱极了，有身穿将军服的胖司令，有吹哨子的军官，有一个吹号手腮帮子鼓鼓的，正在卖力气地吹号呢。此外，还有大鼓手、小鼓手和四个一排的士兵。小耶塞尔高兴极了，睡觉的时候怀里还紧紧地抱着那个玩具箱。

慢慢地小耶塞尔睡着了，玩具箱掉在了地上，盒盖被摔开了，玩具兵你推我搡地一个一个从箱子里爬了出来。胖司令好不容易从玩具兵堆里爬了出来却不见了战刀。他生气地大叫："我的战刀呢？"一个小玩具兵讨好地从地下把战刀拾起来交给司令。司令高兴地对他说："我封你做一个军曹，快给我整理队伍，我要检阅。"说着费力地爬上了凳子。军曹按着司令的吩咐整顿好队伍，一声令下，检阅开始了。号手吹起了嘹亮的军号，玩具兵们在乐曲声中迈开了整齐的步伐。走着走着，不知哪个玩具兵停了一下，结果后面的玩具兵接二连三地倒在了一起，军曹大声地喊："快停下来！"

玩具兵们重新整理好队伍，继续前进。走累了，他们就停下来，跳起了欢快的舞蹈。这时，耶塞尔翻了个身，玩具兵们看到小主人要醒了，马上叽里咕噜地滚进了玩具箱。

天亮了，小耶塞尔醒了，揉了揉惺忪的睡眼，忽然想起玩具兵打闹的情景。他向四周一看，一个玩具兵也没有，再低头一看，玩具箱还在床上，打开盒盖，玩具兵一个个整齐地摆在箱子里。

噢！原来是一场梦。

孩子们都聚精会神地听着我讲故事，沉浸在作曲家甜蜜、有趣的梦境里。

接着我又给他们放了一遍乐曲，并要求他们进一步感受乐曲活泼的情绪。在欣赏乐曲时，在加入短笛、木琴、小提琴的部分，我适时提醒孩子们，各种乐器的加入可以使乐曲更活泼风趣。

第三遍听时，我的要求更让孩子们兴趣大增：可以随着音乐自由走步表演，当音乐停止时，要成"定格"状。当听到结尾下滑音时，可迅速跑

回自己的座位，好像玩具兵惊慌地跑回箱子里一样。

这下教室可热闹了，孩子们都甩开小胳膊大步随音乐节奏走着。今天是姜文的生日，我就让她到前面当司令，引领大家一起走。小姑娘的小脸笑成了一朵花，挺着小胸脯很神气地走着；很多孩子都模仿玩具兵的样子，哼着旋律摇晃脑袋，还有的模仿演奏军鼓的样子；一凡举着右手，她一定在模仿小旗手吧；有几个淘气小子走得歪歪扭扭，还有的走顺拐了，真令人忍俊不禁。

今天的网速有些慢，有几段地方需要缓冲，孩子们一听音乐停了，马上做"定格状"，各种姿势都有，非常滑稽。这样走走停停，我们又欣赏了一遍乐曲。这带着浓浓童话色彩的乐曲，而且又是进行曲，很提精神，很适合在午后的时光欣赏。

教学反思

包含着经典童话故事的美妙音乐，更能唤起了孩子们奇妙的想象，打动他们柔软的内心。

讲故事、让孩子自己表演，这些活动紧紧抓住了孩子们的注意力，使他们对课堂产生浓厚的兴趣。让学生随音乐进行游戏活动不仅活跃了课堂的气氛，也使孩子们充分地发挥了音乐想象力，培养了他们主动参与活动的胆量。

56

神奇的星空

　　月亮和星星是童话世界里最美丽、神奇的自然景物。面对浩瀚无垠的星空，孩子们可以展开无限的幻想，并对大自然产生极大的兴趣。在星空下，美丽的传说、奇妙的神话、妈妈的催眠曲，伴着月光娓娓流出……孩子们的童年不能没有星星和月亮。

　　二年级第三单元《月儿弯弯》选编了一组以月亮和星星为主题的歌曲和乐曲。《小小的船》《我和星星打电话》《萤火虫》《月亮月光光》《阿细跳月》等乐曲，引发了孩子们对大自然的兴趣，鼓励他们长大后去探索宇宙、星空的奥秘。第三单元的学习结束后，我特意选了钢琴王子理查德·克莱德曼弹奏的《星空》和《星星小夜曲》，给孩子们欣赏。

　　我直接告诉孩子们，我们要欣赏的是理查德的钢琴曲《星空》，有时这样开门见山的介绍可以让孩子天马行空的想象限定在主题之中。果然，孩子们听了开头的那段，马上就有孩子忍不住说："流星！"是呀，使很多人瞬间沉醉的《星空》，曲子刚开始就如美丽的流星滑过天际，奏响你的心弦，接着便是清脆悦耳的钢琴独奏，浑然天成，似天籁之音。有的孩子情不自禁地打着拍子，轻声哼着旋律，我想他们是真的感受到了聆听古典音乐的乐趣。

　　一曲终了，我请他们再欣赏一遍，细细品味。有的孩子就问可以画画吗？我点了点头，他们就边听边画自己心中的星空。有的孩子画出一群小朋友在星空下手牵手在舞蹈；有的画上长着翅膀的自己在星空遨游；有的

画了满天的星星雨，好像漫天飞舞的花朵；有的画了一群小朋友在弹钢琴，头顶上星星在微笑地看着他们，煞是可爱……

我又打开我的博客，把精心挑选的两个视频《星空》和《星星小夜曲》播放给他们欣赏。

子乐悄悄递给我一个纸条，原来是她听了《星空》后的感受："我喜欢这个美丽又让人放松心情的音乐。我觉得音乐很优美很动人。我好像真的看见了满天的星星在朝我眨着眼睛，我好像也飞到了星空，和星星握手，做朋友。开头的地方有个声音就像远处飞来很顽皮的流星，就像我们班的那几个淘气男生一样。"

多么诗情画意的想象呀！的确，在孩子的心里充满了对太空的神奇幻想。而这样充满着想象力的音乐可以让孩子们的幻想插上翅膀，他们可以在广阔的太空遨游，可以坐在弯弯的月亮上唱歌，可以和天上的星星通话，在童话般的世界里尽情游玩。

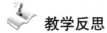

教学反思

前几天看台湾苏明进老师的《希望教室：教孩子一生最受用的 36 种能力》，其中第 23 条就是"学习和音乐交朋友"。他也喜欢让孩子们趴在桌上安静地聆听音乐。他常常对他的孩子们说："每当你们听完后，慢慢坐起来时，那个眼神都不一样了！变得有气质、很专注！"他因此得出结论：所谓真正的艺术，应该是将这些经典音乐融入我们日常的生活中，而不是只在音乐课本里进行简单的传授。

读着这些话，我有遇知音之悦。

57

美丽的天鹅

今天，聆听音乐的时间是欣赏两首关于天鹅的世界名曲——圣-桑的《天鹅》和柴可夫斯基的《四小天鹅舞曲》。

我让孩子们闭上眼睛，张开小耳朵，开始欣赏音乐。《天鹅》的音乐响起，钢琴的声音轻轻柔柔，像波光粼粼的湖水。音乐中表现水声的琶音，让人领略到湖水的清澈，仿佛看见了蓝色湖水的映衬下，雪白的天鹅在优雅地嬉戏。舒缓的音乐一起一伏，飘然流逝，让心灵久久地沉浸在美好的意境中……

教室里静静地宛如一泓秋水，就连最淘气的孩子也在音乐中安静了。

音乐渐渐消失，仿佛天鹅慢慢远去，湖水逐渐归于平静。

我请孩子们睁开眼睛，说说自己的感受。我欣喜地听着他们五彩斑斓的答案：

"我感觉有美丽的天空，美丽的声音！"蔚然第一个说出自己的感受。

"我听着音乐，好像看见'神舟七号'飞船在宇宙间自由地飞翔，逃逸舱在慢慢脱落。"雨昂把自己这几天看"神七"的感受融于音乐欣赏中，真是与时俱进。

"老师，我看见小河边的花儿都开成彩色的了！"周剑的话诗意盎然。

"我感觉在音乐声中，小草都变得更绿了，上面还有水珠呢！"翔宇的感受很独特。

"小河里有美丽的荷花在开放，还有一群美丽的白天鹅在游玩。"古典

的答案更让我惊喜，小姑娘真是圣-桑的知音呀！

我送给孩子们一支支《棒棒歌》，并告诉他们这首曲子是法国作曲家圣-桑的《天鹅》。接着，在美妙的音乐声中，我把自己对乐曲的理解告诉孩子们："宁静、优美的湖边，淡蓝色的湖水波光粼粼，一只洁白的天鹅在悠然地游动，它一会儿上行，一会儿下行，一会儿向左，一会儿向右，湖水随着天鹅的飘然游动而不停地向四面荡开涟漪，天鹅高贵、优雅的形象在蓝天、白云和蓝色湖水的映衬下变得美丽无比。天鹅洁白的羽毛闪着金光，它悠悠地游过碧波，时而凝视远方，时而低下头来轻啄羽毛，最后只留下湖面上余波荡漾的痕迹。"之后我又把朋友在荣成天鹅湖拍摄的精美照片展示给孩子们欣赏。

孩子们不停地发出各种赞叹，小嘴巴都张成了"O"形，接着我又播放了《天鹅之舞》的视频，两只优雅的天鹅像舞蹈家一样随着音乐曼舞，精美绝伦。

在孩子们意犹未尽时，我奖励孩子们一个故事：

很久很久以前，相传天鹅湖边有一个恶毒的巫师，他制造了一种邪恶的魔法，能把美丽的少女变成天鹅，只有爱情和忠诚的力量能够解除魔法。一天，一个美丽的公主和她的三个伙伴来到天鹅湖边玩耍。巫师想让公主做他的妻子，公主当然不愿意。恼羞成怒的巫师就用魔法把她们变成了四只天鹅，只有晚上她们才能变回人形。有一个英俊的王子来到了天鹅湖畔，他喜欢上了这些高贵的天鹅，就在湖边住了下来。晚上公主和伙伴们变成了人形。王子结识了公主，他们相爱了，他们的爱情战胜了魔法，最终公主恢复人形，同王子一起过上了幸福欢乐的生活。

孩子们都听入迷了，我告诉他们俄国著名的作曲家柴可夫斯基根据这个美丽动人的故事创作了舞剧《天鹅湖》。我们要欣赏的是其中最华彩的曲子《小天鹅舞曲》，这是公主和三个女伴跳舞时所用的音乐，所以也叫

《四小天鹅舞曲》。我打开乐曲 Flash，让孩子可以跟音乐轻声哼唱，或用肢体动作表现音乐形象。活泼的音乐使孩子们兴奋不已，刘佳林用胖乎乎的小手在桌上摇头晃脑地弹奏着，我知道他一定学过这首曲子。

"孩子们，讨论一下，两首乐曲有什么不同？是什么让天鹅的形象发生了变化呀？"

孩子们你一言我一语，争相说着自己的感受，都知道《天鹅》的速度慢，《四小天鹅舞曲》的速度快。

"今天我们欣赏了两首不同的天鹅乐曲，不论是活泼好动的天鹅还是安静优雅的天鹅，它们都是人类的朋友，我们要保护天鹅。孩子们，你们在老师心中就是一只只洁白活泼的小天鹅，老师祝愿你们健康快乐地成长。"

教学反思

孩子们喜欢听好的音乐，无论是外国的还是中国的，但如何让孩子们喜欢听才是关键。在欣赏音乐时，以激发他们的学习兴趣为出发点，安排看动画、讲故事等活动，孩子们会听得津津有味，乐在其中，将音乐与自己的理解融在了一起。

58

喜欢跳圆舞曲的小猫小狗

第四单元的主题是音乐中的动物，教材上的欣赏曲目是圣-桑《动物狂欢节》中的《狮王进行曲》和《大象》。喜欢小动物是孩子们的天性，我想继续选几首世界名曲中关于小动物的乐曲，和孩子们一起欣赏。

《跳圆舞曲的小猫》就是一首专为孩子们写的管弦乐曲，由美国人安德森作曲。曲调诙谐有趣，描绘了一个天真活泼的小猫在音乐的伴奏下跳起了美丽的圆舞曲。《小狗圆舞曲》是波兰伟大的音乐家肖邦的一首钢琴小品，描述了顽皮的小狗在欢快地玩着自己的尾巴。

一上课，我就故作神秘地对孩子们说："今天，老师为大家请来了两位新朋友，你们猜一猜它们是谁呢？静静地听，如果谁猜出来千万不要说出来，等音乐结束之后再说。"我边说边点开音乐，欢快的音乐使孩子们都坐不住了，特别是最后那声清脆的狗叫让他们兴奋不已，教室里响起一片"汪汪"的小狗叫声，音乐中的小猫也在小狗的叫声中仓皇逃离了舞场，音乐戛然而止，巧妙结束。

孩子们只能说出音乐中有只小狗。我让他们仔细聆听第二遍，那不时出现的有乐感的猫叫声终于提醒了孩子们——这个乐曲的主角是一只可爱的小猫。

"孩子们，这是一只在翩翩起舞的小猫。美国有一位作曲家安德森为这只小猫写了一首曲子《跳圆舞曲的小猫》。接下来我们再来听一遍，当你听到乐曲有变化的时候，想一想小猫是怎么跳圆舞曲的？你还能联想到什么?"

我抛出了问题,接着和孩子们一起第三次欣赏乐曲。

"小猫在跳舞,小狗在为它伴奏。"凯馨小声说道。

"小猫跳舞,小狗跑来了,说小猫跳得真好! 就叫了几声!"梦达连说带比画。

"小猫跳舞真优美,小狗跑来了,小猫害怕小狗,就逃跑了!"看来,笑羽是曲作者的知音呢。

虽然很多孩子的回答与曲作者描述的音乐语境不一样,但我没有否定他们的答案,只是告诉他们曲作者为我们描述的就如笑羽所言。

第四次欣赏乐曲时,我告诉孩子们可以离开座位,边听边跟着音乐节奏翩翩起舞,感受乐曲快乐、活泼的气氛。不喜欢跳舞的孩子可以画出跳舞的小猫。

教室里很热闹,我邀请凯馨一起跳,好几对孩子也结伴而舞。

一曲终了,等孩子们安静了,我告诉他们:"小猫逃跑了,这只小狗又在舞场上跳起了圆舞曲。波兰伟大的音乐家肖邦写了一首《小狗圆舞曲》,我们一起来欣赏!"

一节课,又是小猫又是小狗,孩子们喜欢得不得了。

教学反思

音乐新课程标准中指出:音乐课的全部教学活动应以学生为主体,师生互动。将学生对音乐的感受和音乐活动的参与放在重要位置。

在欣赏教学中,运用多样的形式欣赏是培养儿童认识音乐世界、提高音乐素养的良好途径。

59

让我们一起齐步走

这单元的演唱和欣赏曲目都围绕着进行曲进行，怎样让孩子们兴致盎然地欣赏不同风格的进行曲呢？我想出一个办法，一上课我就故作神秘地对孩子们说："老师这里有个音乐宝盒，里面有很多音乐小天使，能带着我们到世界各地去感受异域风情，张开小耳朵，我们出发吧。"

说完，我马上播放柴可夫斯基的《进行曲》，音乐的节奏轻巧，但中间部分有些混浊，我看有几个孩子不安静了。好在音乐也结束了。我先请他们说说乐曲是什么情绪的，并用语言描述所"看"到的画面。

"欢快、活泼，春天到了，好像很多人去郊游，很热闹。"

"很多小动物在围着篝火跳舞，很开心呢。"

"好像一只威猛的大狮子在追一只可怜的老猫，马上就要追上了。"

"好像很多人在开舞会，大家一起唱歌跳舞。"

……

每次孩子们的描述都能给我惊喜，他们感受的音乐总是那么生动活泼。我没有否定他们的理解，任由他们随音乐插上想象的翅膀吧。

第二遍欣赏时，我请他们随音乐律动，这下真热闹了，男孩子大多"张牙舞爪"，手里还拿着尺子、铅笔，小姑娘一般很矜持，动作幅度不大，乐感很强。

这遍结束后，我告诉他们这首曲子名字叫《进行曲》，是俄国著名作曲家柴可夫斯基创作的芭蕾舞剧《胡桃夹子》中的一段音乐，描写一群孩子在圣诞树前的嬉戏场景，他们有时一个一个走过来领取圣诞礼物，有时牵着手围着圣诞树跳舞，所以这段音乐很灵巧很活泼。关于这个乐曲还有一个有趣的故事。我边说边播放《进行曲》做背景音乐，开始讲故事：

　　有一个叫玛丽的小姑娘，在圣诞节前夕收到许多礼物。她特别喜欢其中一个胡桃夹子娃娃，可是被几个淘气的男孩子弄坏了，她非常难过。晚上，玛丽蒙蒙眬眬地进入梦乡，她发现许多老鼠抢她的糖果和玩具。受了伤的胡桃夹子领着玩具兵与鼠王打仗。胡桃夹子坚持不住了，小玛丽向老鼠扔去一只大皮鞋，把鼠王砸死了，其他小老鼠也都吓得四散奔逃。随后，胡桃夹子变成一个漂亮英俊的王子，和小玛丽成为了好朋友。

故事讲完了，我和孩子们又欣赏了一遍《进行曲》，然后播放了《土耳其进行曲》，那欢快鲜明的节奏，把慵懒的春日"潜伏"在教室里的"瞌睡虫"都赶跑了，我和孩子们一起用双手打着节奏，整齐而嘹亮！

我告诉他们这是伟大的音乐家贝多芬的作品《土耳其进行曲》。土耳其在亚洲的最西边，与欧洲相连，是一个风景优美、气候宜人的国家，他们的国旗是在红旗上画一弯月亮和一颗星星。

第二遍欣赏乐曲时，我请孩子们都站起来，围着走廊随音乐走步，教室里立刻成了欢乐的海洋。

等孩子们平静下来，我又打开音乐宝盒，让他们欣赏中国最著名的进行曲《义勇军进行曲》，也就是《中华人民共和国国歌》。我放的是管弦乐演奏的国歌，孩子们稚嫩的声音唱起来，也不失雄壮有力。

今天，我和孩子们欣赏了三首风格迥异的进行曲，我们仿佛也变成了士兵，行进在大路上，意气风发，精神抖擞！

教学反思

"如果这人间像童话一样美丽，我宁愿不要长大，永远住在童话里。"著名词作家王健的诗句道出了童话的无限魅力。美妙的音乐里包含着一个个有趣的童话故事，唤起了孩子们奇妙的想象，也触动了他们柔软的内心，让孩子们学习的兴趣大增。

用音乐讲故事是培养孩子们欣赏音乐的最好方式之一，这样的音乐课使音乐充满了生命的活力，散发着浓浓的人文气息，也唤起了孩子们的对音乐的热爱。

60

雪花静静地飘，音乐慢慢地淌

清晨，突如其来的大雪纷纷扬扬，银装素裹的大地，仿佛就像童话世界。校园里、操场上，孩子们在追逐、嬉戏，欢呼雀跃。看着孩子们在雪地里尽情地玩耍：堆雪人、打雪仗、滚雪球，我就想今天的音乐课我要改变备课计划，和孩子们一起欣赏法国作曲家德彪西的《雪花飞舞》和班得瑞乐团的《初雪》。

上课的音乐铃声响了，好几个小淘气恋恋不舍地冲回教室，头上冒着热气，小脸像红苹果，小手像胡萝卜，脚上的鞋子已经洇湿，我假装生气地说："上课迟到了，快回座位上。"爱玩是孩子的天性，好不容易盼到一场大雪，玩得不亦乐乎很正常。

"孩子们，谁能说说早晨看到大雪的感受？"教室里小手如林。

"我一起床，看到外面那么大的雪，太开心了！我可以和小朋友打雪仗了！"

"出门一看我们家的车被雪盖住了，成了一个白白的大面包！"

"走在上学的路上，我趁妈妈不注意，握了一个雪球打在妈妈身上，妈妈说我是小淘气！"

"一个五年级的大姐姐说我们校园的松树变成圣诞树了！"

"看见下雪，我真开心！我在路上跑着跳着，摔了八个屁股蹲。"胖乎乎的晓文边摸着小屁股边说着，憨态可掬。

晶莹、透明的雪花，给孩子带来多少欢乐！我告诉他们："法国有一

个著名的作曲家德彪西，他也非常喜欢下雪。他写了钢琴组曲《儿童园地》，其中第四首就是《雪花飞舞》，今天我们一起欣赏电子合成器演奏的《雪花飞舞》，欣赏时，我们可以趴下静听，也可以看着窗外的雪花。"

教室里暖意融融，德彪西的音乐从柔和、清淡的前奏开始，音乐节奏逐渐加快，仿佛雪花在变大、变密，漫天飞舞。窗外，虽有艳阳高照，可雪花依然在飞舞，是"故穿庭树做飞花"吗？孩子们有的看着屏幕上的音乐花，有的看着窗外的雪花，还有的小姑娘随着音乐两只小手在舞动着，像翩翩起舞的雪花。一遍、两遍，我和孩子们就这样静静地听着。

接着，我们又欣赏了班得瑞乐团的《初雪》。乐曲是班得瑞的一贯风格，清亮、纯净、悦耳，声声直扣心扉。虽然没有歌词，但我们一样能从空灵曼妙的旋律中感受到飘飞的白雪，静谧安宁，缥缈脱俗。班得瑞用钢琴将雪具象在这首曲子里，琴声舒缓而笃定，拨动了心底最温柔的琴弦，美丽而感伤。背景的弦乐犹如轻风徐起，给人以无尽的想象，仿佛纷纷扬扬的洁白雪花。

我让孩子们说说自己的感受。

"老师，我觉得好像一个人在回忆过去，有些悲伤。"

"我觉得这首曲子很优美、很忧伤，是用钢琴弹的。"

"老师，我听着曲子好像看见一个男的在阳台上弹钢琴，外面下着鹅毛大雪，他想家了！"

"一个人在外国工作，快过春节了，他很想家。晚上他做了一个梦，他发现自己长了一双翅膀，飞呀飞呀，飞到了亲人身边。"

"有个人很孤单，他在夜晚望着月亮，说自己不开心的事。"

我很惊讶，孩子们能听出曲子里面淡淡的忧伤，也许我们所聆听的不仅仅是旋律，更多的是心情。

雪花在静静地飘，音乐在慢慢地流淌，心儿也在慢慢地醉去……

教学反思

教师如何捕捉并有效利用生成的教育资源，这是教学的一个亮点，也是教师智慧的体现。这节课如果我无视窗外纷纷扬扬的雪花，只管按部就班地完成我预设的教学任务，而孩子们的心思都在窗外，那一定会出现老师教得上火、孩子学得没情绪的局面。

孩子的情感需要因为天气发生了变化，教师要根据他们当时的心理需求，放弃原来的预设目标，并把这一突发事件当作一个契机，随机应变，生成新的教学任务，给孩子们提供一个创新学习的机会。

天气的突变，特别是第一场雪、第一场春雨……都是上天送给我们的礼物，可以生成新颖的教育资源，对此教师要格外珍惜，充分利用。

第五辑

徜徉在音乐的天堂——音乐活动

61

乘着歌声的翅膀

　　"汉语角"的苗老师提议让 16 个韩国孩子来观摩我的"绿色童谣"组活动，我很高兴地答应了下来。正好第二天（3 月 21 日）是世界儿歌日，他们可以和童谣组的孩子一起演唱儿歌来庆祝春天里孩子们的第一个节日。

　　爱唱歌的孩子喜欢唧唧喳喳，我用手拍着唱了《安静歌》，他们才止住了兴致勃勃的谈话。

　　"孩子们，知道明天是什么日子吗？"

　　"周五，我们快要过周末了！我们全家要去山里看桃花！"小雨夸张地伸长了胳膊，好像她闻到了桃花的香味。

　　"明天是植树节吧，我看电视《直播威海》上天天有上山种树的人。"天翔眨着大眼睛说道。

　　"对，明天是世界森林日！"我朝天翔赞许地点点头，笑着说："孩子们，明天可是个四喜临门的好日子。3 月 21 日是世界森林日，消除种族歧视国际日，世界睡眠日，世界儿歌日。"

　　"春天里的节日可真多呀！"佳惠开心地说。

　　"是呀！孩子们，世界儿歌日是全世界少年儿童在春天的第一个举行庆祝活动的日子。世界儿歌日是在 1976 年比利时国际诗歌会上创立的，旨在倡导关爱儿童，缔造和平，消灭战争，建设家园。今天我们童谣组还要迎来一批尊贵的小客人——汉语角的韩国同学们，我们和他们一起唱儿歌，一起庆祝儿歌日，好吗？"

　　这时苗老师也领着韩国孩子们来了，孩子们热烈地鼓掌欢迎他们的到来。

"童谣组的孩子就是不一样，这么热情。快乐的孩子爱唱歌呀！"听了苗老师的夸赞，孩子们坐得更端正了。

合唱《我们把家乡美化》，拉开了童谣演唱的帷幕。

"孩子们，我们请韩国同学为我们演唱一首韩国童谣，好吗？"韩国的孩子都很羞涩，有的低着头，有的赶快跑到教室角落里，苗老师带头唱起《三只熊》，童谣组的孩子也用中文唱起来，韩语和汉语那么和谐地交织在一起。

从"小白兔，白又白，两只耳朵竖起来……"到"摇呀摇，摇到外婆桥"，从"小红帽"到"粉刷匠"……中国的、外国的童谣，孩子们一首接一首地演唱，韩国的孩子也没有了先前的拘谨，唱起了《桔梗谣》和《大长今》的主题歌，音乐室成了欢乐的海洋。

童心在飞扬，和孩子一起乘着歌声的翅膀，我仿佛也回到了童年。

教学反思

二十几年来与孩子打交道，我深深地知道，对孩子来说，最开心的事情莫过于过节。因为每个节日都有一个美妙的故事，有一份特别的情趣，有一种特别的氛围。节日带给孩子的那种期盼，那种兴奋，那种快乐，从一定意义上渲染并提升了人类美好生活的精神境界，它是人类弥足珍贵的别样精神家园。节日活动为孩子们营造了不可替代的成长氛围，成为一种别具魅力的文化气场，滋养着儿童情感和生命的健康成长。

《关于加强和改进未成年人思想道德建设的若干意见》提出，要充分利用节日、纪念日所蕴含的丰富的思想道德教育元素，加强对少年儿童思想道德成长的引领。所以，一直以来我特别重视给孩子们过节，对节日活动情有独钟。我们祖国的传统节日、国际化的人文节日和一些洋为中用的节日，都是非常珍贵的教育资源，可以融进课程中，加以有效利用，能够取得很好的教育教学效果。

62

编创"八荣八耻"新童谣

2006 年春天，全国上下都在深入贯彻胡锦涛主席提出的"八荣八耻"为核心的社会主义道德观，我们学校更是强调每个教师都要明确了解"八荣八耻"的深刻内涵，号召孩子们从身边小事做起，从小处着眼，能明辨是非，分清善恶，识别美丑，争做一个合格的小公民。听着领导的指示精神，我的心里暗自高兴：这正是我们"绿色童谣"校本课程组的孩子们最拿手的。因此我马上修改我的备课内容，把编创"八荣八耻"新童谣放在下一课来进行。

一上课，我就开门见山，向孩子们提出一个问题："你认为什么是最光荣的事，什么是耻辱的事？"

孩子们都争相回答。

"我做值日班长时，帮助老师管理班级的纪律，我觉得真光荣！最耻辱的是有一次妈妈让我去楼下倒垃圾，我懒得去，结果妈妈很生气。后来一想我不应该那么懒，这件事我觉得很耻辱！"

"我觉得当一名军人最光荣！当汉奸最耻辱！"

"受到老师的表扬最光荣，得到激励章和喜报最光荣，诚实守信最光荣，帮助别人最光荣，劳动最光荣。"

"为班级抹黑很耻辱，嘲笑别人很耻辱，浪费时间很耻辱，不守信用、爱撒谎很耻辱，偷别人的东西最耻辱！"

还有一个孩子竟然说出"种族歧视最可耻"，我带头为他的见多识广鼓掌。了解了孩子们心中的荣辱观，接着我就给孩子们讲了"八荣八耻"的社会主义德育观，并让他们朗读。

我穿梭在孩子们中间，听着他们大声读着，两个小淘气边背诵边打花巴掌，玩得不亦乐乎。我的脑海里灵光一现，编创童谣的形式有了，就用孩子们喜闻乐见的拍手歌。

等孩子们把"八荣八耻"都背诵下来后，我告诉孩子们可以用大家喜欢的拍手歌把自己理解的"八荣八耻"的内容编出来。这次编创是合作的形式，三四个人一组，合作编创。我也坐在孩子们中间，饶有兴致地听着他们在你一言我一语地编着。子鹏和钰彤还有语嫣，三个小脑袋凑在一起：

"你拍一，我拍一，八荣八耻是第一。"语嫣先开了头。

"一和第一重复了吧？再想想有没有别的词？"

三个臭皮匠能顶个诸葛亮。钰彤小眼珠一转，马上想出"八荣八耻要牢记"。我也和孩子们一起想，帮他们出主意，选合适的词语。接下来的编创就成了集体创作，大家你一句，我一句，很快就编到了"你拍十，我拍十"。我把歌谣打在大屏幕上，和孩子们一起边玩打花巴掌边背诵。

"八荣八耻"新童谣

你拍一，我拍一，八荣八耻要牢记。

你拍二，我拍二，为了祖国要出劲。

你拍三，我拍三，铺张浪费要揭穿。

你拍四，我拍四，做人不能自顾自。

你拍五，我拍五，好逸恶劳是耻辱。

你拍六，我拍六，我们尊老也爱幼。

你拍七，我拍七，崇尚科学属第一。

你拍八，我拍八，诚实守信人人夸。

你拍九，我拍九，法律法规要遵守。

你拍十，我拍十，争做文明小卫士。

教学反思

我们创编的这首"八荣八耻"新童谣，琅琅上口，好记易学。我以简讯的形式发在环翠区教育网后，《威海日报》的记者就来我们学校采访，并拍摄了我和孩子们学唱童谣的照片，第二天这个报道就登上了《威海日报》的头版头条。当天新华社就全文转发，接着《人民日报》也在要闻栏目刊发了图片新闻《唱响道德歌谣》。经过一百多家报纸、电台、网站等媒体转载，这首歌谣在全国校园广为传唱。

童谣是对孩子们进行情感教育的一种有效途径。优美的旋律、和谐的节奏可以给他们以美的享受和熏陶，也可以使他们的感情得到抒发。在编创过程中，孩子们都开动脑筋，积极思考。因此编创童谣也是激发孩子们创造力的方法。

63
做"节能减排"的小公民

　　最近，电视、报刊上出现频率很高的一个词汇就是"节能减排"，教育部也在其官方网站发出通知，要求开展"节能减排学校行动"。

　　看到这些倡议，我修改了《绿色童谣》校本课程的备课，准备在课上和孩子们谈谈关于节约的话题，一起编创关于"节能减排"的新童谣。

　　一上课，照例是和孩子们谈谈天。威海新外滩上有六个硕大的生命蛋的雕塑，我问孩子们看了生命蛋以后的感受。他们唧唧喳喳，告诉我他们看见生命蛋上刻有很多大鱼、小鱼、虾、蛤蜊、螃蟹等，是我们海里的生物总动员。孩子们说出了雕塑的表层含义，我告诉孩子们，创作这组《生命启示》的雕塑家其实是在告诉我们：海洋的资源是有限的，我们已经消耗了很多，可资源就那么多，所以要有休渔期，不让捕那些小鱼小虾，我们要节约海洋给予我们的财富。

　　我又说起南极上空的臭氧层空洞，小源告诉我他在网上看过这条新闻，他知道如果臭氧层被破坏了，那阳光中的紫外线就会毫无遮拦地照射在我们身上，人们会被烧伤的。好几个小姑娘一听，下意识地"哎呀"一声，一脸恐怖，还用双手捂住了小脑袋。我笑着问孩子们："谁知道破坏臭氧层的罪魁祸首是什么呢？"云鹏第一个抢着说是二氧化碳。我朝他伸出大拇指，接着问道："你们知道二氧化碳从哪里来的吗？"很多孩子都知道是汽车尾气排放的，还有一个孩子说我们人体吸进氧气，呼出二氧化碳，还有工厂的废气排放也有二氧化碳……

　　这时我把"节能减排校园行"的倡议告诉大家："我们怎样从身边的小事做起，做个节能减排的小公民呢？"

　　"老师，我妈妈说她小时候铅笔短了，就用纸缠一个套子套上继续用，我们也可以这样做呀！"聪慧的雅菲第一个发言，这是个勤俭的小妙招。

　　"老师，洗脸水、洗脚水，都可以用来涮拖把和冲厕所呢。"树橙的"废水利用"也很不错。

　　"这一阵下雨多，奶奶就让爷爷把纱窗都摘下来，在楼前的下水道旁边洗，很干净的！"小涵得意地说。

　　"教室里没人一定要关灯，如果天气好一定不要开灯！"爱蒙不愧是班长，节约的意识很强。

　　"老师，我觉得我们都要少吃油炸食品，又费油又让人发胖。"胖乎乎的子明好像在现身说法呢。

　　……

　　孩子们的小妙招和金点子一个接一个，听得我心花怒放。"孩子们，你们就把这些关于节约的小窍门用比较工整的句子写下来，就是一首很好的童谣呀。现在开始写吧！"

　　音乐室里一下子安静下来，一首首短小的童谣很快相继"新鲜出炉"。

　　　　节能减排很重要，
　　　　节约水电我做到，
　　　　废水可以再利用，
　　　　随手关灯要记牢。
　　　　　　　　——杨树橙
　　　　同学们，要记牢：
　　　　节约意识很重要，
　　　　在家里，在学校，
　　　　我们处处要做到。

节约水、电、粮，

威海明天更美好。

　　　　——林小涵

小朋友听我道：

节能减排很重要，

一粒粮食不能丢，

节约成山高万丈，

一滴水不浪费，

节约成河万里长。

　　　　——朴爱蒙

你拍一，我拍一，节能减排要牢记。

你拍二，我拍二，省电我有小窍门。

你拍三，我拍三，随手关灯记心间。

你拍四，我拍四，节水我有金点子。

你拍五，我拍五，废水冲厕不马虎。

　　　　　　——陶雨

　　我也抛砖引玉，写了一首童谣《"节能减排"校园行》。这首童谣后来被市教育局推选为代表威海的优秀童谣，在《中国文明网》上展播。

"节能减排"校园行

小朋友们听我道，节能减排很重要。

科学节能有技巧，节约常识要记牢。

洗完手后关笼头，不能让水白白流。

爱惜粮食不挑食，积少成多了不起。

小朋友，要牢记，一滴一粒要爱惜。

人走灯灭好习惯，铅笔、本子用完换。

垃圾分类要做好，环保意识很重要。

洗脸水，洗衣水，擦地冲厕非常妙。

废水可以再利用，人人减排贡献大。

大手牵着小手走，节能减排护资源。

教学反思

孩子们自己编创、演唱"节能减排"的童谣，一定会自觉地加入到"节能减排"的队伍中，同时也会更加用心地去搜集节约的小窍门和小妙招，互相学习，最终使"节能减排"成为自己的习惯。

现在全球都在关注气候变暖问题，关注环保，提倡"节能减排"，倡导低碳生活，我们对学生进行环保教育不仅要经常贯穿在教学中，更要落实到行动中。

64

校歌诞生记

　　我们的校歌《起航》终于在"六一"的前两天录制完毕，和孩子们一起走出录音棚，我长长地舒了一口气，有种如释重负的感觉。关于校歌"诞生"的点点滴滴的故事涌上心头……

　　新春伊始，校长就给我布置了"作业"——创作校歌。这个任务沉甸甸地压在心头，我很久都不知如何下笔。虽然我写过几首童谣，但我深知自己水平有限，对创作校歌，心里实在没底。

　　校长给歌曲定了调子：要欢快、活泼的进行曲的风格，让孩子们走在路上甚至跳着皮筋的时候都可以吟唱；要以孩子的口吻来写；要有学校真爱教育的理念；要通俗易懂。

　　周末在家，我一气呵成写出了两段歌词，题目就是我们学校的教育理念"生命因爱而精彩"：

生命因爱而精彩

迎着朝阳，海风习习，
跨进塔小智慧的殿堂。
书声琅琅，歌声悠扬，
老师引领我们幸福成长。
负责自主，欣赏珍惜，
塔山小学，成长的摇篮。
啊——
向着美好的未来翱翔。

真爱教育，细节育人，

走进塔小真爱的天堂。

分享阳光，分享感动，

美德之花在我们心田开放。

和谐进取，自主创新，

塔山小学，成才的地方。

啊——

爱的风帆在这里起航。

我把这份"急就篇"作业先向我的一位老姐姐征求意见，复旦大学博士出身的她文字功底令我望尘莫及。兰姐很快就给了回复。

这首两段体歌词，主题积极向上，格调明朗，爱、赞美、激情——青春飞扬，很有感染力。懂音乐会谱曲，创作歌词可谓得天独厚，上帝都会嫉妒。下面只谈不足：

1. 这个题目不太适合用作小学校歌的题目。

2. "塔小"之类简约词，在歌词中一般不可取。而且，对每一个字词皆要考虑到演唱起来是否与相关谐音字混淆。

3. 极其缺乏特色。若隐去"塔山小学"字样，几乎可以用于所有小学的校歌。

4. 歌词一是要押韵；二是要多为上、下句（双句式）结构。通常，单句的最后一个字多落在仄韵上，双句的最后一字则一定——或者说，最好是平韵。

5. 诸如"负责自主，欣赏珍惜"、"和谐进取，自主创新"大概是校园文化的口号了，若非领导"勒令"，这类口号式的东西入歌词，无论对歌词的意义还是音乐的破坏性都是不言而喻的。

看得出来这首词是一气呵成的。在各类体裁的创作中，这种情况不是没有，但歌词往往难以急就，且尤需反复打磨——比如：第二段末一句，且不说其可取与否，作为校歌，至少"理想的风帆"胜于"爱的风帆"。

艳芳，写好一首校歌甚至比你写一本书的价值还要大，因为有那么多孩子吟唱，这是多自豪、多骄傲的事！

兰姐的回信令我汗颜，感谢有如此真挚的朋友，一针见血地指出我的不足，特别是最后一句话更成为我创作的动力和源泉。我要重新写，但从何处下笔呢？

清晨，我漫步在静谧的校园，那十几棵参天的塔松高大伟岸，松针上露珠闪烁。我能想象 1989 年建校时，老校长带领同事们栽下了这些小树苗，也种下了"十年树木，百年树人"的心愿。如今，经过二十多年的风雨洗礼，好几棵塔松我都合抱不过来，树下的小石桌是孩子们读书的天堂，松针上浸润着孩子们琅琅的书声。就从塔松这样标志性物件写起吧。

"威海之滨，塔山脚下，绿树擎天……"头开好了，下面的就好写了，第一段写塔山小学的文化，第二段写学生的理想抱负，题目就定为《起航》。

我忐忑地把"作业"交到校长那里，校长说还不错，但还可以再推敲，语句可以再精炼些，要用孩子的童心来描述对校园的热爱。

记得那一阵晚上回家后，我就上网召集天南海北的朋友，让他们给我的歌词提意见。乳山的蓝梦姐，济南的蓝莓果同学，辽宁的无痕朋友，词作家林红老师，都非常热诚地给我提出了宝贵的意见。这首歌词在朋友们的帮助，经过不断的修改和打磨，终于变得流畅了，有韵律感了。

让谁来谱曲？我马上就想到了好朋友，少年宫非常有才华的音乐老师张启峰。经过我和启峰一次次的沟通和商讨，我们的校歌终于在五月下旬"诞生"了。

从此，我们塔山小学每次大型文艺活动的最后都是全体师生演唱校歌。那热情洋溢的歌声在校园飞扬，我听了欣喜无比，甜甜的感觉溢满全身，荡漾在心头！

起　航
————威海市塔山小学校歌

作词：王艳芳
作曲：张启峰

1=D
4/4 欢快、明朗地

（1 - 6 - | i·i 6 0 0 | 5 - 3 - | 5·5 5 3 0 0 | 5 6 1 2 6 1 2 3
1 2 3 5 2 3 5 6 | i·i 6 6 5·5 3·3 | 2·1 2 5 | 1 1·1 1 0）|

3 5 5 6 3 5 | 3 5 1 2 - | 3 5 5 5 6 5 3 | 2 3 6 5 - |
大海边，塔山下，绿树擎天，这就是我可爱的　校　园。
爱自己，爱他人，爱　环境，美德把我们滋　养。

6 1 1 1 2 3 | 5 6 5 3 2 - | 2 3 5 6 3 2 3 | 2 3 6 5 1 - |
书声琅，歌声亮，笑声飞扬，老师引领我们快乐成长。
今立志，明自强奋发向上，祖　国的未来我们是栋梁

6 - 4 ·6 | 5·6 5 4 3 - | 2 - 6 ·1 | 2 4 4 3 1 2 - |
啦　啦啦塔山小学，啦　　智慧的摇　篮，
啦　啦啦塔山小学，啦　　幸福的海　洋。

6 - 4 ·6 | i·i i 7 6 5 - | 5·6 5 4 3 2 | 3 - - - |
啦　啦啦塔山小学，智　慧的摇　篮。
啦　啦啦塔山小学，幸　福的海　洋。

6·6 6 6 4 6 | 5·6 6 5 4 3 5 0 | 2·2 2 1 2 6 | 5 - - - |
踏着　时代节拍，乘着理想翅膀，我们从这里起　航，
奏响　真爱乐章，放飞自由梦想，我们扬帆远　航，

6·6 6 6 4 6 | 5·6 6 5 4 3 1 0 | 2·2 2 1 2 5 | 1 - - - ‖
踏着　时代节拍，乘着理想翅膀，我们从这里起　航，
奏响　真爱乐章，放飞自由梦想，我们扬帆远　航，

结束句
5 ·6 7 5 | 1 - - - | 1 0 0 0 ‖
扬　帆远　航。

📖 教学反思

校歌是校园文化的重要组成部分，是学校精神风貌的标志。对内，它是对师生的号召和激励；对外，它是学校的形象展示和精神宣传。校歌犹如学校的精神图腾，与校徽、校训相得益彰。

创作校歌时要注意：一是要有自己学校鲜明的特色，要体现学校的地域、文化环境、办学思想与时代特色等；二是歌词要简洁明快，积极向上，寓意深远，有明责、励志的教育作用，既能够抒发感情，也能够凝聚人心，让孩子们更加热爱自己的校园；三是校歌的旋律要朗朗上口，适合孩子们演唱，可以让他们一生铭记。

65

新年愿望树

　　童谣组的孩子们来到音乐教室，很好奇地看着我在黑板上画的一棵大树。我告诉他们："新年的钟声还有四天就要敲响。今天我画了一棵许愿树，请你们把自己的新年愿望都挂在上面，一会儿，生机勃勃的树叶上就会挂满一个个美好的愿望。"

　　孩子们争先恐后地说出自己的新年愿望：

　　于嘉慧：新年我有一个愿望，那就是时间的小马车跑得慢一些，因为我不想长大，我想还当小孩子，有足够的时间玩耍和休息，这样过得才快乐有趣。

　　刘昱彤：我想收到很多意想不到的神秘礼物，更希望我明年学习更好，让妈妈高兴，给我买台电脑。

　　孙一梦：天上的星星再多，也没有我的愿望多；地上的鲜花再多，也没有我的希望多。我希望我有一根魔法棒，让挂在愿望树上的愿望都能实现！

　　耿菲：妈妈生病了，到北京的医院去治病了。我真希望妈妈早点好起来。我最大的愿望是能有一双翅膀，像小鸟一样在天空自由飞翔，想妈妈时能飞到北京去。

孙本聪：我希望天天都能吃到很多好吃的东西，我希望每天不用六点就起床，我还希望每天都能去游乐场玩，不用写作业。我的希望还有很多很多，简直可以装满一大箩筐。

李佳婷：我希望过年的时候压岁钱再多一点，希望每天作业再少一点，希望每次考试都能得满分。

卢山：我希望明年会收到很多的压岁钱，我还有一个愿望，就是乘坐热气球环游世界一周，当然是一家人啦。

张惠玲：我的牙不好，妈妈不让我吃糖，可我真想吃呀，新年希望我牙里的虫子死光光，我要使劲吃糖，还要放鞭炮。

宋钊君：我想有一个魔术棒，让我变回到幼儿园，没有作业没有特长班，多好！

孙小迪：我希望新年的时候，许多亲戚好友来我家玩，这样我就不会寂寞，过一个热热闹闹的节日。

王子蓬：明年的6月9日我想当班长，因为那天是我的生日，我还想快点上初一，快点长高，变成一个大孩子，让爸爸妈妈高兴。

王竟舸：我希望爸爸的生意不要那么忙，能经常回家陪我玩。

陈怡舟：我有一个愿望，如果威海再大一点，空气污染再少一点，汽车尾气再少一点，文化气息再多一点，那么我们威海就更棒了！

黄桢艳：我多么希望能在明年看见一场美丽的流星雨呀！

张云飞：我想学好多国家的语言，就可以去很多国家旅游。

张涪迪：我许愿让妈妈永远开心，因为妈妈工作很忙，脸整天拉着，所以我希望妈妈笑口常开。

周小毅：我想画一幅连画家都想象不出的画，等开联欢会的时候，我会送我们班级一张"大吉大利"的画，为同学们带来祝福。

王文垲：我的愿望是考上博士后，研究出一百个小叮当，分给我的亲人和朋友。

宫浩源：我的愿望很多，希望将来有一种神奇的药水，能让坏蛋变成大善人，好人更好！我希望有魔法，能把洪水堵住，能让沙尘暴消失，能让台风改道。我还有一个自己的愿望，我希望有一天我也能遨游太空。

下课了，孩子们都走了，静静的音乐室里，只有我一人在尽情享受着这些无忌的童言，一份直抵心底的感动温暖着我。闭上眼睛，我在心里祈祷孩子们的愿望能实现！

教学反思

每年的新年前夕，我都变化着形式让孩子们写新年愿望，除了在黑板上画出新年愿望树，也可以让孩子们把新年愿望写在五颜六色的纸上，然后挂在学校栽种的松树或其他树木上，让他们在课余相互欣赏和评价，这成为冬日校园里一道美丽的风景线。还可以让孩子们把新年愿望写在纸条上，放进一个精致的瓶子里，并命名为许愿瓶。到了岁末再打开瓶子，看看自己的愿望是否实现。

在新年到来之际，让孩子们在心中种植一株新年愿望树，让他们述说自己的愿望，并有为自己的愿望奋斗的决心和信心，这真是件美好的成长礼物。

66

说说音乐课我最感动的事

一学期了，孩子们在音乐课除了学会了几首歌曲，他们还收获了一些什么？我想在这节课开展一次随机小调查——音乐课我最感动的事。让孩子们说出自己内心深处的感动，学会感恩。

经过短暂的讨论和交流，孩子们都争相举手，诉说自己的感受。我记录如下：

◆ 上音乐课，听《丁香花》和《月牙泉》等一些动听的音乐，我很感动。

◆ 有一回我们在音乐室里学唱歌，有位同学没带书，这首歌我正好背下来了，我就把书借给他了。那位同学很感动，说谢谢我，我也非常开心。

◆ 每当我演唱《歌唱二小放牛郎》的时候我都想哭。二小是小英雄，我们都应该向他学习，长大回报祖国。

◆ 有一次我们去音乐室上课，很多同学去晚了，老师很生气，让他们下课后多学了一会儿。我知道老师这样严格要求是为我们好，让我们有时间观念，不能迟到。

◆ 有一次下大雪，老师满身是雪走进教室，老师的眼镜片也是白的，像个雪人。

◆ 我最喜欢听老师夸奖我们的歌声是最美最动听的，最喜欢老师送给我们的《棒棒歌》。

◆ 上音乐课时，老师让我们欣赏了威海著名的音乐家戚建波写的歌曲《儿行千里》，表达了妈妈对我们的爱，我听了好感动。

◆ 有一次老师感冒了，上课时声音嘶哑还咳嗽，但老师坚持上课，我很感动。

◆ 有一次老师放《感恩的心》给我们欣赏，还给我们讲了关于这首歌曲的一个感人的故事，我听了非常感动，我看见很多同学都和我一样流泪了。我把这首歌下载到我的 MP3 里，经常自己在房间里一边看书一边放着这首歌。

◆ 有一次上音乐课时，那天天气很冷，我穿得少了点，我的好朋友看见了就走过来，给了我一个拥抱，我觉得很温暖。

◆ 音乐老师很喜欢我们，而且还经常放一些歌曲 Flash 给我们欣赏。

……

整理着孩子们纯真的话语，我一次次被感动得眼眶湿热，孩子们用自己的童心感受着关爱与温暖：妈妈的亲情慰藉，同学之间的互助，老师关切的话语，来自电影和班会里的故事，都触及到孩子心灵深处，让他们感受到这份关爱与温暖。给孩子们一个机会让他们说出这些感动，会像涟漪一般又让其他小小的心灵为之感动，爱就会像滚雪球一样越滚越大，越滚越多。但愿许多年以后，孩子们还能回忆起这些曾经温暖过他们的人和事，怀揣着一颗感恩的心继续前行。

教学反思

正如央视著名主持人白岩松所说，感动是一种软力量，这种软力量足以触及我们内心深处，拨动我们的心弦。"千教万教教人求真，千学万学学做真人"教育大师的话犹在耳旁，教师不仅是经师，更是人师，我们在课堂上不仅要教会孩子知识，更要教会孩子做人，这是我们每位教师的责任。

67

三（5）班的幸福快车

下午去三（5）班上课，班主任阮老师兴致勃勃地指着后面黑板上一长串卡通火车告诉我，他们班"开"了一列幸福火车，每个孩子拥有一节车厢，如果能得到15个激励章，就可以把黑白色的卡通车厢涂成自己喜欢的彩色。"我们班级网站的名字就是幸福快车，现在还缺少一支班歌。"阮老师请我帮忙，和孩子们创编一支班歌。我一听也觉得责无旁贷。

一上课，我就告诉孩子们这节课有两个任务，一是学唱《留给我》的歌谱，二是一起为班歌填词。孩子们一听，都很开心，很快随琴唱会了歌谱。我们的班歌创作就开始了。阮老师提议借用那首著名的日本童谣《假如幸福的话拍拍手吧》的曲调，旋律活泼欢快，而且孩子们又耳熟能详，最有特色的是歌曲中间还有拍手、跺脚、拍肩膀等动作，非常适合孩子们表演唱。

孩子们跃跃欲试，都很想把自己的歌词填到班歌里。

弹了《安静歌》后，孩子们安静下来，我们一句句编起来。第一句"假如幸福的话拍拍手吧"，我抛砖引玉，改为"请坐上幸福快车吧"，孩子们都说真好，马上接着唱起来，"请坐上幸福快车吧（拍手），请坐上幸福快车吧（拍手）"。唱到这里，孩子们的歌声戛然而止。

"后面的一句很有难度，但也最应该出彩呀！"我给孩子们加油。

"老师，我觉得应该说三（5）班的幸福快车很幸福呀！"机灵的家伟第一个抢着说。我朝他伸出大拇指，就按照家伟说的填词吧，我稍微做了一点修改："咱们班的幸福快车多么快活，我们一起拍拍手吧！"

第一段顺利编完，我和孩子们一起唱了一遍，感觉真不错。虎头虎脑的翼霄唱得真卖劲，鼻尖都冒汗了。

第二段和第三段只要换上跺脚和拍肩的动作就 OK 了。刚唱完，家伟又举起了手，"老师，我觉得第一段说咱们班的幸福快车多么快活，第二段应该再换一个词，说咱们班的幸福快车多么温暖"。真是好主意！

"第三段我们换个什么词呢？"孩子们都开动脑筋思考我的问题。

"咱们班的幸福快车多么吉祥。"一个腼腆的小姑娘说道。

"吉祥这个词很不错，还有吗？"我们照着这个歌词又唱了一遍，感觉不够响亮。

"和谐好不好？我们现在是和谐社会，咱们班的幸福快车多么和谐！"我一下子想起了和谐这个词，孩子们都很赞同。一唱，果然不错。

至此，我们的三段歌词新鲜出"炉"了。我和孩子们一遍遍演唱着，快乐无比。我觉得我们正坐在幸福快车上，一路向前！

 教学反思

音乐无国界，这首日本童谣被填上新词后，非常适合演唱。我和孩子们又创编了振臂、微笑的动作，间奏还插有 Rap 说唱。三（5）班选了这首歌参加学校合唱节，夺得级部金奖。

编写班歌时，要注意以下三点：

1. 一定要发动全班孩子的智慧，争取让每个孩子都开动脑筋，积极参与。在编写班歌的过程中，同学们团结合作，提高了班级凝聚力。

2. 班歌一般采用"旧曲装新词"的形式来创作，也就是说尽量选用孩子们耳熟能详、朗朗上口、昂扬向上的歌曲旋律。因为孩子们还不具备作曲的能力，此外，如果一首班歌是新歌、新曲，孩子们学唱起来就会有一定的困难，结果可能导致他们兴趣不大。

3. 班歌的歌词不要泛泛而写，一定要抓住班级独特的东西，比如核心的理念和关键词，以及班级的荣誉等。

68

安全童谣我来编

三月最后一周的周一是中小学安全教育日，因此周四的综合实践活动时间，我们小百灵合唱团要举行一次特别活动——安全童谣我来编。这次安全童谣的主题就是交通安全。

一上课，我就笑着问孩子们："阳春三月真是节日扎堆，你们知道有哪些节日？"

教室里小手如林，孩子们如数家珍地说起来：学雷锋纪念日、三八妇女节、植树节、消费者权益日、世界睡眠日、世界儿歌日、世界森林日、中小学安全教育日、警察日……

"下周一就是我们中小学生自己的节日——中小学安全教育日。安全大于天，我们要时刻关注安全，珍爱生命。请同学们拿起笔，开动脑筋，一起编写安全童谣。可以单独创作，也可以同桌合作。"我的话还没说完，潇麟的小手就高高地举起来。

"老师，怎么编呀？"他歪着小脑袋，抓耳挠腮，像只可爱的小猴子。

我笑着继续说道："其实编童谣很简单，你们就把自己上学和放学路上怎样遵守交通规则、怎样注意安全的，把你眼里看到的、心里想到的写出来，就是一首很好的童谣。"

"老师，我们舞蹈小社团刚编了一个舞蹈《小黄帽》，讲的就是我们戴着小黄帽，遵守交通、平安回家的事。"小团长刘子慨说完就自告奋勇给同学们表演了这首歌："放学啦，放学啦！大家把队排。站齐了，站齐了，动作就是快。戴上咱的小黄帽，背上小书包，一二三四走起来。阿姨你骑车要慢点拐，叔叔你开车要慢点开。我们都是小黄帽，聪明活泼人人爱。"

子慨的表演活泼大方，赢得了同学们的掌声，他也开心地坐下了。

"老师，能不能写我们的蚂蚁排队？"小机灵鬼小雨抢着说道。

"当然可以，我们塔山小学的蚂蚁排队很有名呢。在临近学校时，不论人行道上多拥挤，我们总是很自觉地站成一条长长的直线队伍，没有一个同学与他人并肩前行，我们像一群守纪律的小蚂蚁，紧靠路边，避开了其他人流、车辆，安全、快速地进入校门。交警叔叔说我们这是小蚂蚁排队，这样的队形很安全，其他人和车辆见到后也不会去干扰我们的队伍，还说要让全市的学校都向我们学校学习呢。真是很光荣呀！"

听我这么一说，孩子们都像小鸡啄米一样点着头，若有所思。教室里原先唧唧喳喳的讨论声没有了，一下子安静下来。不一会儿，他们的大作就"诞生"了。

小 行 人

宋潇麟

大马路，真热闹，汽车电车滴滴叫，

我过马路不乱跑，小心走过人行道。

警察叔叔笑微微，我对叔叔把手招。

小蚂蚁排队

黄小雨

上学啦，很开心

花儿对我笑

柳树弯弯腰

我对他们说我要排队了

小蚂蚁，排队走

安全快速进学校

走路歌

刘子慷

如今变化真不小，路上汽车真不少，

走路一定注意了，听我一一来点到：

红灯亮时停一停，绿灯亮起大步走。

没有路灯要自觉，汽车疾驰我不急。

走路我走人行道，遵守无声指挥语。

只要做到这几点，人人都夸好少年。

从孩子的稚言趣语中可以看出他们有了自主的安全防范意识，童谣也表达了他们心中的道德准则，而且琅琅上口，好记易学。

安全童谣展评时，我把孩子编创的三首童谣打在白板上，告诉他们，这些童谣要推荐到校园网首页上展播。小作者们一个个抿着小嘴巴，心里一定很得意呢。

"孩子们，我知道你们很喜欢鸟叔的《江南 Style》。现在，我们威海也有了萌警版的 MV《威海防骗 Style》，而且迅速走红网络，被网友们盛赞挺有创意，挺有爱，很潮很亲民。下面我们一起来看看。"

我开始播放《威海防骗 Style》视频，在大家熟悉的《江南 Style》旋律中，只见一个 10 岁小男孩扮演的萌版"鸟叔"带着一群可爱的小朋友出现在幸福公园、威海公园、110 大厅、市公安局巡警支队等处，跳着骑马舞，和着节奏，说唱着电信诈骗、银行卡诈骗、网络诈骗等骗术和防骗技巧，用生动活泼的形式表达警情提示，时尚又有趣。

孩子们坐不住了，也跟着视频上的小朋友们一起跳骑马舞，看着字幕，跟着说唱，沉浸在欢乐中……

教学反思

安全事故已经成为 14 岁以下少年儿童的第一死因。因此自 1996 年起，我国确定每年 3 月份最后一周的星期一，为全国中小学生安全教育日。设立这一制度是为了全面深入地推动中小学生安全教育工作，大力降低各类伤亡事故的发生率，切实做好中小学生的安全保护工作，促进他们健康成长。

和孩子们一起编创安全歌谣，既可以以此点燃他们的创造激情，又可以培养他们的安全意识。要让安全意识通过他们自己的儿歌习作充分展示出来，让他们在编创和哼唱童谣的过程中得到充分的自我教育，从而主动遵守交通规则，提高安全意识。

附：威海防骗 Style 歌词

现在的骗术多样/碰到生人搭讪/有奖销售酒瓶易拉罐/多是骗人手段/公共场所你中大奖/四五个托争抢/你若掏钱他们快闪离场/算命加相面，你与大师有缘/今天破例给你看宅院/你印堂发黑目光呆滞，家中必有凶兆/若想看病消灾其实也不难办，家产拿一半/拒绝陌生来电/防止上当受骗/老百姓/血汗钱难赚/利再大/心只要不贪/预防诈骗/牢记心间

69

唱出心中的歌

昨天三（1）班的文艺委员课前给我提个建议，说他们组织了一台小节目，名字都想好了，叫"我心中的歌"演唱会。他们想在下节课上表演。课本内容基本上结束了，我正想举行这样的活动。"英雄所见略同！"我边说边朝她跷起了大拇指，小姑娘高兴地抿着小嘴跑回去准备了。

上课的音乐铃声一响，四个小主持热情洋溢的开场白后，演唱会就开始了。第一个上台演出的是三（1）班的小歌星——黄艳，她载歌载舞地演唱了《名扬花鼓》的主题歌，还真有凤阳花鼓的味道呢。

孩子们都喜欢动画片里的歌曲，一个孩子演唱《洗澡歌》，结果一呼百应，全班的孩子都跟着唱起来。

有个小男孩唱韩红的《天亮了》，他唱得很投入，我依稀见到他的眼中闪着泪光。他的歌声也感动了其他的孩子。

一个韩国小姑娘走上台，跳起了欢快的韩国民族舞蹈。音乐没有国界，孩子用身体语言释放着自己的快乐。她的表演博得了全班的热烈掌声。

再看平时比较腼腆的王丽园也举起了小手，在全班同学鼓励的掌声中，勇敢地走到台前，为大家演唱了《大汉天子》的片头曲"秦时明月汉时关，滚滚黄河蓝蓝天，壮士铁马将军箭，锦旗半卷出长安……"

"怎么都是我们女孩子在表演节目呀？掌声有请我们的男子汉来表演！"小主持的鼓动非常有效。一个小男孩来到台前，先来一个篮球秀：

一个手指顶着篮球旋转了几下，然后又玩起了拍球，手和球好像粘连在一起似的，哇！太厉害了！大家的掌声、赞叹声一片。意犹未尽的他又给大家演唱了《青藏高原》。三年级的男孩和女孩，声音都是一样的甜美纯净，被称为童声的黄金时期。小男孩高亢嘹亮的歌声又引来同学们的阵阵掌声。

又有一个小男孩为大家演唱《蓝猫淘气三千问》，其他孩子都跟着一起唱了起来。唱完后全班同学一起鼓掌，掌声送给了自己也送给了大家。

我坐在孩子们中间，尽情欣赏着他们精彩的表演。教室里掌声此起彼伏，整节课我和孩子们都沉浸在欢乐的氛围中。

最后，孩子们评选出了最佳歌手，颁发小百灵奖章，还评出最受欢迎的歌曲推荐者，颁发大拇指奖章，并请演唱者当小老师，在音乐课的课间小憩和中午上课前十分钟唱歌时间，教大家演唱歌曲。这个"奖励"很特别，也让小老师们很开心、很兴奋。

教学反思

每隔一段时间，我就会在音乐室和孩子们一起开"我心中的歌"演唱会，让孩子们课下准备自己最拿手、最喜欢的歌曲，还要评选最佳歌手和最受欢迎的歌曲推荐者。孩子们对这个活动很有热情，参与度很高。

演唱会也是一个遴选和推介好音乐的有效途径，演唱会的曲目既有孩子们耳熟能详的童谣，也有一些经典的校园歌曲，还有一些格调清新、健康向上的流行歌曲，比如周杰伦的《听妈妈的话》《千里之外》等。

我们音乐老师要为孩子们的健康视听撑起一把保护伞，及时选用那些适合孩子演唱欣赏的流行音乐和歌曲占据孩子心灵的阵地，不让那些不适合孩子的，甚至阻碍他们身心健康的音乐乘虚而入。这样，让流行歌曲进入课堂非但不会对学生产生负面影响，反而会收到良好的效果。

70

"千童之声贺祖国" 音乐会

为庆祝国庆节和建党 90 周年，加强对学生的爱国主义和民族精神的教育，增长他们国情、乡情的相关知识，我们音乐组和德育处联手举办了一次"千童之声贺祖国"大型音乐会。

活动的对象是全校老师和学生。学校为音乐会设了最佳创意奖、最佳表演奖、最佳合作奖、最佳组织奖。

由于各个级部的孩子有不同的特点，我们音乐组分别对低年级和中高年级学生进行了有针对性的训练。

一、二年级的孩子进行"查一查，说一说"活动，让孩子们利用国庆节期间通过书籍、网络等方式查一查，找一找"中国之最"，并上台向大家介绍。通过活动让学生进一步地了解国情、乡情，增长知识。

三至五年级学生进行"唱一唱，赛一赛"活动。音乐组老师向全校师生推荐 20 首红歌，孩子们利用音乐课和课余时间，把这 20 首红歌唱熟。通过歌声唤起学生的民族自豪感，振奋其精神。同时，这 20 首红歌周一至周五的早晨每天都在广播中播放。

赛前，我们音乐老师利用音乐课点唱这 20 首歌曲，每个级部评出一、二、三等，德育处分别给班级考核加上 5、3、1 颗星。10 月底举行"千童之声贺祖国"集体活动，获得一等奖的班级要进行演唱展示。

孩子们在班主任和音乐老师以及文艺委员的带动下，加紧排练，校园里天天歌声飞扬。孩子们翘首期盼着演唱会的到来。

十月的威海，气候宜人，鲜花盛开。学校每年一度的"千童之声贺祖国"大型音乐会使校园里歌声串串，童声飞扬。操场上洋溢着两千多名孩子的欢声笑语，顷刻间成了一片欢乐的海洋。

五（2）中队的《壮志雄心》安排在开场，很有气势。一年级的男孩演唱了《中华小儿郎》，节奏感强且精气神十足，一招一式非常招人喜爱。五（1）中队三个小姑娘自己做了藏族的服饰，纵情高歌，翩翩起舞，抒发了小卓玛对故乡的热爱。三（5）中队三个"重量"级的可爱小男孩激情演绎《青苹果乐园》，那么投入，那么忘我。五（1）中队的两个小姑娘二重唱《翠鸟》，声部和谐美妙，动作夸张得恰到好处，音乐和舞蹈融合得巧妙，耐人寻味。四（6）中队的韩国孩子家映和三（7）中队的卢珊一起用中韩文演唱了经典的朝鲜童谣《小白船》，家映的韩国民族服饰艳丽大方，裙带飘舞，歌声悠悠，传递着中韩两国儿童的友谊源远流长。

《雪绒花》《校园的早晨》《每当我走过老师的窗前》这些陪伴着我成长的经典老歌又传递到孩子这里。舞台上，孩子们在深情演唱；舞台下，孩子、老师还有家长们自发演唱，真的是舞似艳阳歌如海！

"肩并着肩许下心愿，随风奔跑自由是方向，追逐雷和闪电的力量。把浩瀚的海洋装进我胸膛，即使再小的帆也能远航……"在五（1）中队的六个男生激扬的《奔跑》中，"千童之声贺祖国"的颁奖会正式拉开了帷幕。

各级部获得一等奖的班级依次上场了，小指挥个个都很精神，孩子们都穿着整齐统一的服装，有的班级还准备了道具，比如四（5）班的孩子们手拿葵花，朵朵转动的葵花向太阳，阳光下孩子们笑靥如花。你方唱罢我登台，每个级部的合唱展示都很精彩。

最后，我们教师合唱队演唱了《茉莉花》。老师们统一穿着淡蓝色的旗袍，略施粉黛，深情款款地演唱起了这首经典的歌曲，孩子们看着自己的老师演唱，掌声和欢呼声不断，把演唱会推向了高潮。

教学反思

歌声在飞，童心在飞，一首首歌谣，激荡着孩子们的心潮。优美的旋律也把我们带进了七彩的童心世界。演唱会为孩子们营造了温暖、积极向上的成长氛围，这是一种具有特殊魅力的文化气场，它滋养着儿童情感和生命的健康成长。

演唱会的评价标准：

① 节奏整齐，音准正确，音色优美；

② 精神饱满，富有朝气；

③ 服装整齐，力求统一；

④ 队形队列整齐，进出场井然有序；

⑤ 编排有创意、有特色。

附：20 首红歌歌名

1.《祖国，祖国，我们爱你》　　2.《我爱北京天安门》

3.《红太阳照山河》　　4.《红星歌》

5.《爷爷为我打月饼》　　6.《共产儿童团歌》

7.《歌唱二小放牛郎》　　8.《我们美丽的祖国》

9.《少年，少年，祖国的春天》　　10.《国家》

11.《嘀哩嘀哩》　　12.《我们多么幸福》

13.《让我们荡起双桨》　　14.《我们的田野》

15.《快乐的节日》　　16.《卖报歌》

17.《小号手之歌》　　18.《中国少年先锋队队歌》

19.《金色的童年》　　20.《手拉手祖国更美丽》

后　记　　用心耕耘我的"梦田"

打开音响，齐豫、齐秦姐弟俩演唱的《梦田》在耳畔萦绕。"每个人心里一亩田，每个人心里一个梦。用它来种什么，种桃种李种春风……"三毛的歌词如同一枚青橄榄，让我久久回味。从教25年，我在自己的"梦田"里种下了什么？

2003年，一个偶然的机会，我在"教育在线"网站看到了朱永新老师的"成功保险公司"开业启事。虽然我已人到中年，但仍然动心了。从小喜欢写作的我很想尝试，暗想：我一定要成为一名诚信客户，做一个永远的教育追梦人。

生在大海边，又喜欢唐诗宋词，于是，我为自己起了网名"一叶兰舟"，并将我的教育博客命名为"兰舟小栈"。

初上教育论坛的我如一只刚刚出巢的小鸟，懵懵懂懂不知道该怎样用稚嫩的翅膀去搏击长空，但我深知自己极需要知识给予我力量，于是我如饥似渴地品读着同行们精彩的帖子。有时我也小心翼翼地回复一两句，慢慢地，胆子大了，我也试着参加讨论，没想到我的帖子很受同行的喜欢和关注。

起初，我的文笔生涩，为了使自己获得提升，我就找一些教育经典来读。《给教师的建议》《教育漫话》《静悄悄的革命》《夏山学校》《陶行知教育名篇》这些书读来有如醍醐灌顶，让我受益匪浅。

朱永新老师有一句话："要想写得精彩，必须做得精彩，活得精彩！"于是，我更加关注孩子，关注自己的心态，关注自己的教学。

给孩子最美的音乐课是我永远的追求，读书写作让我拥有了坚持梦想的勇气。

小学老师工作忙碌、繁杂，每天都像一个旋转的陀螺，没有停歇的时候。但我一直记得朱老师的"成功保险公司"启事，记得自己的梦想是做一名"诚信客户"。我把和孩子们相处的那些精彩故事记下来，每天一篇千字文。渐渐地，文笔由生涩变得流畅，我的文章不断见诸报端。当一个个帖子变成铅字的时候，我感受到了思想的美丽、教育的幸福和勤奋的回报。我的"梦田"肥沃、纯净，枝叶葳蕤。《飘着花香的琴弦》和《小学节日活动创意设计与组织》两本书相继出版发行。但在华东师范大学出版社出版一本书一直是我最大的梦想，我精心浇灌这枚梦想的种子。终于，种子发芽、开花了！我终于梦圆"大夏"了。

这本书记录的是我和孩子们之间发生的真实故事，有成功的经验分享，也有失败的教学反思，一篇篇随笔是我心血的结晶、成长的轨迹。"开尽梨花又是春，那是我心里一个不醒的梦……"我愿精心耕耘我的"梦田"，让它繁花似锦、果实累累。

落其实者思其树，饮其流者怀其源。当这部书稿出版之际，我要感谢我生命中那么多的"贵人"。首先感谢孩子们，和他们在一起，我有一颗不老的童心，我愿和他们一起畅享成长的快乐。衷心感谢本书的编辑任红瑚老师；感谢李镇西老师倾情作序；感谢李茂老师的真诚推荐；感谢我的同事们以及朋友们，你们的赏识和鼓励是我奋进的风帆；感谢我的亲人们，特别是我的爱人和儿子，在我疲惫的时候让我拥有一个温馨的港湾，尽情享受到爱情的甜蜜和家庭的欢乐。

最后，谨以此书献给天上的爸爸，希望我永远是令他骄傲的女儿！

图书在版编目（CIP）数据

给音乐教师的建议/王艳芳著. —上海：华东师范大学出版社，2013.6
ISBN 978 - 7 - 5675 - 0824 - 8

Ⅰ.①给… Ⅱ.①王… Ⅲ.①音乐课—教学研究—小学 Ⅳ.①G623.712

中国版本图书馆 CIP 数据核字（2013）第 123742 号

大夏书系·教育建议
给音乐教师的建议

著　　者	王艳芳	
责任编辑	任红瑚	
封面设计	艾　米	
责任印制	殷艳红	

出版发行	华东师范大学出版社	
社　　址	上海市中山北路 3663 号　邮编 200062	
网　　址	www.ecnupress.com.cn	
电　　话	021 - 60821666　　行政传真　021 - 62572105	
客服电话	021 - 62865537	
邮购电话	021 - 62869887　　地址　上海市中山北路 3663 号华东师范大学校内先锋路口	
网　　店	http://hdsdcbs.tmall.com/	

印 刷 者	北京密兴印刷有限公司
开　　本	700×1000　16 开
印　　张	12.5
字　　数	116 千字
版　　次	2013 年 7 月第一版
印　　次	2023 年 9 月第五次
印　　数	11 001 — 12 000
书　　号	ISBN 978 - 7 - 5675 - 0824 - 8/G · 6564
定　　价	39.80 元

出 版 人	朱杰人

（如发现本版图书有印订质量问题，请寄回本社市场部调换或电话 021-62865537 联系）